2018年河北省社会科学普及读物出版资助项目

长城影视

母华敏 编著

燕山大学出版社
·秦皇岛·

图书在版编目（CIP）数据

长城影视 / 母华敏编著. —秦皇岛：燕山大学出版社，2019.9（2026.1重印）
ISBN 978-7-81142-403-4

Ⅰ. ①长… Ⅱ. ①母… Ⅲ. ①电影文学剧本—作品集—中国—当代 ②电视文学剧本—作品集—中国—当代 Ⅳ. ① I235

中国版本图书馆 CIP 数据核字（2017）第 094285 号

长城影视

母华敏 编著

出 版 人：陈　玉
总 策 划：陈　玉
策划编辑：裴立超　杨春茹　唐　雷　　版式设计：赵中极
责任编辑：朱红波　王海平　　美术统筹：吴　波
出版发行：燕山大学出版社 YANSHAN UNIVERSITY PRESS
地　　址：河北省秦皇岛市河北大街西段 438 号
邮政编码：066004
电　　话：0335-8387555
印　　刷：廊坊市印艺阁数字科技有限公司
经　　销：全国新华书店

开　　本：700mm×1000mm　1/16　　印　　张：11　　字　　数：207 千字
版　　次：2019 年 9 月第 1 版　　印　　次：2026 年 1 月第 2 次印刷
书　　号：ISBN 978-7-81142-403-4
定　　价：48.00 元

导言：光与影中望长城

2015年，一部回溯长城肇建及其关塞内外征服与交流历史的纪录片《长城：中国的故事》向海内外播出，引发了对长城的又一次注目。这部纪录片的宣传词写道——

一砖一石，凝聚着古老的民族智慧。

一城一池，构建了千年的和平秩序。

长城，讲述血脉相连的中国故事。

诚哉斯言！真的再没有什么能够像长城那样，穿起千百年发生在中国的故事，开疆拓土，分合兴亡，绵延不绝。

其实，自从电影技术问世不久，人们就把镜头投向了长城，从此长城便以种种叙事角色时常出现在不同类型的影视作品当中。

本书向读者介绍的长城影视作品，选录了围绕长城题材制作播出、时长在10分钟以上、影响力较大的中外电影和电视作品。这些长城影视作品，从内容上可大体分为剧情片和专题片两大类。它们的内容广泛，涵盖了长城的修建历史、建筑结构、兵器武备、维修保护、意义价值、名人轶事、名胜古迹、民族宗教、风土人情、民间传说，等等。

本书共收录长城影视作品54部，其中，剧情片13部，包括电影8部，电视剧5部；专题片41部，包括有关长城总体介绍的专题片7部，有关长城修建历史的专题片17部，有关长城秘密探寻的专题片8部，有关长城风土人情的专题片5部，有关孟姜女题材的专题片4部。

一、剧情片

（一）电影

在所收录的有关长城的电影剧情片中，8部剧情片有7部是在孟姜女传说的基础上演绎和改编的。最早的一部拍摄于1926年，是天一影片公司出品的《孟姜女》，导演是邵醉翁和裘芑香，主演则是20世纪30年代的“电影皇后”胡蝶，在当时影响较大。1927年，天一影片公司又斥资制作了一部《孟姜女》，由郑痴公编剧兼导演，许静珍饰演孟姜女。1939年，国华影业公司也出品了一部《孟姜女》，由吴村编剧兼导演，孟姜女则由著名歌星兼影星周璇饰演。1949年，青华影片公司出品了一部《万里长城》，别名《孟姜女万里寻夫》，由周诗禄导演，郑孟霞饰演孟姜女。1957年，丽华影业公司亦出品了一部《万里长城》，由屠光启任导演，李丽华饰演孟姜女。以上这4部均为黑白片。1986年，中央新闻纪录电影制片厂摄制了一部黄梅戏电影《孟姜女》，导演为沙丹，孟姜女由杨俊饰演，彩色片。2015年，中央电视台3套播出了一部电影《孟姜女》，由姜永波导演，乔化军编剧，侯京健主演。除早期的上海天一影片公司出品的为无声片外，其余均为有声片。

这7部作品都是在民间传说的基础上改编的，故事情节大同小异，基本都是万喜良筑长城累死或被杀，孟姜女为之殉情，但孟姜女殉情的方式却有所不同：1926年天一影片公司出品的《孟姜女》是跳河自杀，1939年国华影业公司出品的《孟姜女》是拔剑自刎，1949年青华影片公司出品的《万里长城》是撞城自杀，1986年中央新闻纪录电影制片厂摄制的《孟姜女》是跳海自尽，2015年侯京健版《孟姜女》是自刎而死，等等。不过，其主题内涵都是一致的，都是谴责秦始皇的暴虐和无道，颂扬孟姜女的勇敢和坚贞。

另外一部剧情片《长城脚下是我家》是反映保护长城的，拍摄于2008年，由北京华彩在线文化有限公司出品，导演为张羽，主演为郭晓峰。这部影片是根据河北省秦皇岛市城子峪村一个20年来忠实守护长城的农民张鹤珊的真实故事改编的。影片通过很多细节性的镜头和画面，表现出中国民众对长城这一珍贵文化遗产的热爱与保护。

2016年在中国上映的电影《长城》，是由中国电影股份有限公司、乐视影业、传奇影业、环球影业联合出品，由中国导演张艺谋执导，马特•达蒙、景甜、佩德罗•帕斯卡、威廉•达福、刘德华、张涵予等联合主演的奇幻动作片。该片故事背景设定在中国宋朝时期，讲述了欧洲雇佣兵威廉•加林在被囚禁在长城期间，发现可怕的掠食怪兽将这座巨型城墙重重围困之时，他决定加入一支由中国精英勇士们组成的大军，共同对抗怪兽饕餮的故事。

此外，还有一些影片如《秦始皇帝》《秦始皇》《长城大决战》《剑吼长城东》《南海长城》《塞上情仇》《浴血雁门关》《杨门女将之军令如山》等，由于只是侧面表现长城历史、文化或与长城有些地缘关系，故未收录。

（二）电视剧

我们所看到的长城电视剧中，有5部是围绕孟姜女和万喜良（各部名字稍有不同）的悲欢离合展开的。最早的一部《江湖血泪》（又名《孟姜女》）拍摄于1995年，由成科导演，史兰芽饰演孟姜女，结局较为悲情。2000年，扬州电视台摄制了一部越剧《孟姜女》，沈洁和俞克平导演，赵海英饰演孟姜女，艺术价值较高，一些经典段落至今还广为传唱。2005年，杭州瑞丽文化传播公司出品了一部神怪奇情剧《九尾狐与仙鹤》（又名《孟姜女》），由郑纪民导演，吴兰馨紫饰演孟姜女（九尾狐）。2007年，孙继堂主演的《孟姜女千里寻夫》面世。2012年，北京昆朋未来文化发展有限公司出品了一部《孟姜女传》，为古代传奇剧。这5部作品的故事情节和精神主旨区别也不大，都是重点表现孟姜女千里寻夫的艰难，赞扬她对爱情的忠贞不渝。

另外，还有3部与长城有关的电视剧，分别为1985年中国香港亚洲电视（ATV）拍摄的《秦始皇》、2002年中央电视台拍摄的《秦始皇》、2010年上影英皇文化发展有限公司拍摄的《神话》。由于这3部电视剧表现长城的内容较少，也未收录。

二、专题片

这方面的影视资料比较丰富，目前搜集到的共41部。

有关长城总体介绍的专题片共7部，分别是《万里长城》（1981）、《万里长城》（1988）、《长城》（1996）、《世界遗产之中国档案：长城》（2003）、《长城》（2003）、《话说长城》（2007）、《世界遗产：从空中看万里长城》（2007）。这些专题片直接表现长城的修建过程、发展沿革、地理风貌、功用价值等内容。

有关长城修建历史的专题片共17部，包括《亚洲玄秘：万里长城》（2002）、《生死齐长城》（2005）、《概说长城历史与保护》（2006）、《长城》（2006）、《改变世界的二十件大事：秦始皇兴万里长城》（2006）、《万里长城》（2007）、《世界遗产在中国：长城》（2008）、《中国的世界遗产：长城》（2008）、《千古长城》（2009）、《万里长城的兴衰》（2009）、《中国七大奇观：万里长城》（2010）、《中华文明：长城内外》（2010）、《中国的世界遗产：长城》（2011）、《大秦王朝：修筑万里长城》（2011）、《巅峰的荣耀：西方人眼中的东方巨龙》（2011）、《万里长城》（2012）、《长城：中国的故事》（2015）。

有关长城秘密探寻的专题片共8部，包括《古北口探秘》（2007）、《世界遗产在中国：八达岭长城》（2008）、《长城的故乡》（2008）、《听他们讲那长城的故事》（2011）、《蔚县古堡探秘》（2012）、《神韵滦平之万里长城金山独秀》（2012）、《楚长城》（2012）、《寻找中国最古老长城》（2013）。

有关长城风土人情的专题片共5部，包括《长城风情录》（1988）、《望长城》（1991）、《感受长城》（2002）、《世界遗产在中国：平遥古城》（2008）、《文物春秋：再说长城》（2009）。

有关孟姜女题材的专题片共4部，包括中央电视台2006年摄制的《孟姜女的新发现》、2007年的《寻找孟姜女》、2008年的《中国四大爱情传奇：孟姜女传奇》和山西卫视2009年制作的《孟姜女哭的什么城》。这4部作品都是从学术角度探讨孟姜女故事的原型、发展和演变等。

在以上这41部专题片中，有3部具有开创性的意义和价值：1988年中国长城学会与河北等十省、市、自治区电视台联合摄制的《万里长城》，是中国第一部关于长城的电视专题片；1988年中国长城学会等单位与北京等五省、市、自治区电视台联合摄制的《长城风情录》，是中国第一部表现北方长城沿线众多少数民族日常生活情形的电视系列片；1991年中央电视台、中国长城学会、日本东京广播公司（TBS）、日本影业公司联合摄制的《望长城》，被誉为“中国纪录片发展的里程碑”，创下了当时纪录片收视率的最高纪录。

在专题片中，有13部是属于大型电视系列片中的一部分或一集，其中，价值较高、资料较翔实、拍摄手法较新颖的有美国探索频道2005年摄制的《亚洲玄秘：万里长城》和2010年摄制的《中国七大奇观：万里长城》。

除此以外，我们还搜集到31部电视专题片，它们是：1999年的《长城谣》，2000年的《世界奇观：万里长城》，2003年的十九集系列片《中国奇景》之一《万里长城》和之二《山海关》，2004年的《万里长城八达岭》四集系列片《不朽的奇观》之一《中国长城》，2005年的六集系列片《中国的世界遗产》之三《长城》、五集系列片《中国西部行》之五《长城内外》，2006年的《中国建筑奇观：万里长城》、六集系列片《看中国》之三《打造新北京万里长城》，2007年的《万里长城八达岭》、六集系列片《世界遗产》之六《长城》，2008年陈波总编导的三十七集系列片《中国的世界遗产》之一《长城》、“典藏北京”系列文化风光片《长城》、六集系列片《美丽中国》之四《风雪塞外》（中英联合摄制），2009年的五十集系列片《点击中国》之三十一《长城》、电视风光片《万里长城金山独秀》《白龙卓舞》，2010年的十集系列片《中华文明》之五《长城内外》，2011年的《望长城内外》《金山岭长城文字砖》、动画片《秦时明月：万里长城》《中国名片：民族之魂——万里长城》（中国香港摄制）、《秦始皇：中国缔造者的传奇》（日本摄制），以及年代不明的《长城——文化遗产游》《长城访古》《八达岭长城》《老牛湾》《世界文化遗产：绥中九门口长城》《大地的艺术：长城》《世界七大古代奇观》《万里长城》（美国探索频道摄制）。由于这些片子资料不全、片长较短、涉及长城内容较少等原因，本书并未收录，姑且存目在此。

另外，我们还搜集到4部纪录片，分别为1970年的《伟大的长城》、1984年的《长城从这里开始》、1988年的《长城》、1989年的《万里长城》，均为中国内地制作。但由于诸多原因，未能找到详细的资料，亦未录入，为遗珠之憾。

目　录

contents

三、长城秘密探寻

四、长城风土人情

五、孟姜女题材

剧 情 片

一、电影

孟姜女(1926)

1926年12月天一影片公司出品，11本，黑白无声片。根据民间故事改编。片长110分钟。编剧：邵人；导演：邵醉翁，裘艺香；主演：胡蝶(饰孟姜女)，其他演员有金玉如(饰万杞良)，王无恐，丁华氏，魏鹏飞，张慧娴，张颠颠，肖天呆，周空空，章志直，张大公。

天一影片公司发布的电影《孟姜女》宣传海报

剧情简介：

秦始皇为了防御匈奴而修筑万里长城，征用大量民夫，百姓苦不堪言。这天，又张榜捉拿万杞良。万杞良的父亲看到告示后立即让儿子逃往他乡，万杞良乔装成乡下人逃到另外一个县城。疲劳之际，他进入一个花园休息，正值孟姜女在婢女的陪同下在园中玩乐。忽然，孟姜女的扇子掉入池中，婢女们急忙跑去取竿。孟姜女见扇子离池边不远，便卷袖俯身去捞，差一点落入水中。万杞良情急之下失声疾呼，被赶来的婢女和仆人当作坏人抓了起来，并带去见主人孟员外。

万杞良以寻亲误入花园为由得到了孟员外的谅解，孟员外正要派人送万杞良出门时，孟姜女却恳求父亲留住万杞良，因为自己曾经焚香发誓，要嫁给看见自己胳膊上的痣的男子。父母虽然不大情愿，但也不好违背女儿的誓言。于是便请万杞良返回留在家中。晚上，婢女发现万杞良的胡子有些脱落，便告诉了仆人孟富。孟富看出是假胡子，便立

天一公司电影《孟姜女》剧照

即告诉了孟员外。万杞良感到事已暴露，便想越墙逃跑，却被孟富发现，并带到孟员外面前请功。孟员外问万杞良为何要逃跑，万杞良一时不知如何回答。这时孟富猛地上前揪下万杞良的假胡子，孟员外大怒，严加追问之下，万杞良只得告知缘由。

孟富听了要去报官领赏，孟员外急忙阻止住了他，然后和妻子、女儿一起商议此事。孟姜女坚决表示要嫁给万杞良，于是孟家定下日期准备完婚。

正举行婚礼之际，由于仆人孟兴、孟富的告密，万杞良被抓走修筑万里长城。不久，孟姜女做梦梦到万杞良修长城惨死。于是，告别父母前往长城寻夫，随行的还有仆人孟兴和婢女春香。一日，在一荒山休息时，孟兴忽起邪念，刚要偷吻春香的面颊，又怕睡在春香旁边的孟姜女发现，随即便抽出春香头下的包裹，装作逃走的样子引诱春香。春香见状果然中计，追到一个山顶上，孟兴便欲施暴于春香。春香假意答应，但是要求孟兴先采一朵岩石下的花给她。孟兴解下腰带由春香拽着便去采花，采摘后准备回来时，春香心一慌手一松，孟兴坠岩而死，春香见状也晕倒后坠岩而亡。

孟姜女醒来后，四处找不见人，只得独自前行。渡河时，船夫想调戏孟姜女，孟姜女欲投水自尽。船夫忙拦住说是跟她开玩笑，并请她到家中休息。孟姜女被带至船夫家中，由船夫的母亲监视，船夫则去秘密办理成婚的事宜。船夫的母亲可怜孟姜女，便让她绑住自己的手脚后逃跑。孟姜女历尽艰难险阻终于来到长城脚下，但是四处找不到万杞良，便跪在长城脚下哭天喊地呼唤万杞良。万杞良受尽折磨伤痕累累的身影忽然显现在她面前，孟姜女看到万杞良已惨死，于是纵身跃入附近的河中，欲与万杞良的灵魂在天上相会。

孟姜女（1927）

1927 年 2 月 15 日天一影片公司出品，黑白无声片。首映于上海中央大戏院。根据同名民间故事改编。编剧：郑痴公；导演：郑痴公；主演：许静珍（饰孟姜女），毕豪民，王雪珍，周空空，陈秋凤，周志刚。

孟姜女（1939）

1939年2月16日国华影业公司出品，黑白有声片，首映于上海金城大戏院。内容由民间故事改编。编剧：吴村；导演：吴村；主演：周璇（饰孟姜女），徐风（饰万喜梁），白燕，蔡瑾，周起，韩兰根，殷秀岑，尤光照。片长：92分钟。

国华影业公司电影《孟姜女》剧照

剧情简介：

秦始皇统一六国后，为了防御不满之士联合异族收复国土，遂强征民夫修筑万里长城，以致天怨人怒。某日，狂风暴雨大作，长城部分坍塌，秦始皇震惊之余，急召方士入宫占卜。方士本是楚国人，卖国求荣而投靠秦国，曾被楚国志士万喜梁所刺，遂逮此机会，奏请秦始皇用万喜梁来祭奠长城，秦始皇应允。

万喜梁为躲避亲兵的捉拿改名范杞郎，被官兵发现后越墙逃跑，父亲却死在乱刀之下。万喜梁投奔亲戚家，不料被恶棍曾坏仁撞见并追赶，慌不择路跳入孟家花园。惊魂未定之际，忽见一美丽女子放声歌唱并捕捉蝴蝶，差点失足跌入水中，万喜梁忙奔跑过去将其扶住，此女惊呼，婢女闻声将万喜梁抓住。

孟父询问万喜梁的来历，万喜梁拒不交代，被关在西厢房。夜里，孟姜女深感歉疚，来到西厢房想放走万喜梁。万喜梁将事情的来龙去脉告诉了孟姜女，孟姜女被其刺杀方士的勇气和正气所感动，遂倾心于他，送给万喜梁钗凤作为定情之物。婚后，因仆人的泄密，万喜梁行踪暴露，被官兵抓走。两人从此天各一方。

万喜梁被活埋于长城脚下。天气转寒，孟姜女让仆人给万喜梁送寒衣，仆人中途被妓女所惑，倾其所有空手而归。孟姜女由老仆人陪同亲自去长城送寒衣，老仆人年迈力衰冻死在雪地上。孟姜女独自北上，历尽千辛万苦，终于到达北关。守关的士兵见孟姜女貌美，本想侮辱调戏她，但被其经历和真情所感动，遂违背军令放孟姜女前行。孟姜女在目击人的指引下，来到埋葬万喜梁的长城脚下，号哭震天。哭声引来狂风暴雨，长城顿时崩塌。孟姜女送给万喜梁的定情物钗凤显现出来，孟姜女见之伤心至极，昏死过去。醒来后，发现躺在仇人方士的家中，于是趁方士举杯喝酒之际，从怀中抽出刀来刺死方士，然后亦拔刀自刎。

万里长城(1949)

1949年1月14日首映,青华影片公司出品,别名《孟姜女万里寻夫》,黑白有声片,语言为粤语。编剧:尹海清;导演:周诗禄;主演:郑孟霞(饰孟姜女),白云(饰万喜良),刘克宣,飘慧梅,周志诚,大口何,柠檬,陶三姑,甘露,黎明,杨业宏,谢志伟,杨彬。

剧情简介:

秦始皇在位期间,使用暴力手段统治人民,结果招致人民的强烈反抗,各地纷纷揭竿而起。楚国后人万喜良就因参与反秦运动而惹来朝廷的追杀,隐名埋姓逃亡他乡。一日,为了逃避官兵的追捕,慌乱中躲进了许员外家后花园。许家小姐孟姜正在花园中游玩,因为捕捉蝴蝶差点失足跌入水中。万喜良见此情景,不顾暴露行踪,立即向前予以救助。孟姜受惊吓呼叫,万喜良被丫鬟等人捉住。许员外起初以为万喜良是坏人,但经过仔细盘问,得知万喜良实为忠良之后,决意将女儿许配于他。但是,新婚之夜,万喜良却被秦兵捉走,夫妇两人生离死别。

长城合龙处屡次坍塌,万喜良的仇家时任丞相的李斯便上奏秦始皇,用万喜良的血生祭长城则可使长城顺利建成。秦始皇采纳了李斯的建议,命人将万喜良杀害以祭奠长城。孟姜思念丈夫郁郁寡欢,决定去长城为丈夫送寒衣,一路跋山涉水历尽艰险,终于来到长城,却被告知丈夫已死。孟姜伤心欲绝,哭天喊地,结果导致长城崩塌。秦始皇听闻大怒,本来欲严惩孟姜,但见到孟姜之后,却被她的美色所吸引,于是不但不惩罚她,反而要纳她为妃。孟姜不愿跟随秦始皇进宫享受荣华富贵,却宁愿以死追随自己的丈夫,于是趁秦始皇不备,撞城墙身亡。秦始皇被孟姜的坚贞所感动,命人将她与万喜良合葬。

万里长城(1957)

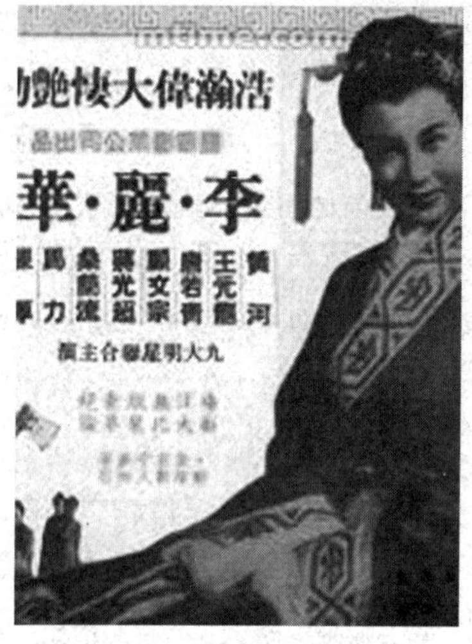

丽华影业公司电影《万里长城》宣传海报

1957 年 6 月 7 日丽华影业公司出品，黑白片，对白语言为汉语普通话。导演：屠光启；主演：李丽华（饰孟姜），黄河（饰万喜良），唐若青（饰孟母），王元龙，陈厚，顾文宗，马力，蒋光超，水维德。

剧情简介：

万喜良因避难而邂逅孟姜，彼此倾慕。新婚之日，万喜良被官兵抓去修筑长城，孟姜也家破人亡。孟姜不辞劳苦万里寻夫，但抵达长城时，万喜良已被活葬。孟姜哀恸痛哭，长城被哭倒，孟姜也随后自尽。

孟姜女(1986)

1986年中央新闻纪录电影制片厂摄制，安徽省黄梅戏剧团演出。彩色有声片，10本。编剧：王冠亚，渐知；导演：沙丹；主演：杨俊（饰孟姜女），张辉（饰范杞良），魏莛（饰范玉姑），汪传年（饰范母），丁紫旺（饰孟老太太），俞士伟（饰秦始皇），黄厚生（饰赵高），杨毅（饰李斯），韩军（饰扶苏），骆宾（饰巫师），张跃刚（饰奉常大人）。

中央新闻纪录电影制片厂摄制的黄梅戏影片《孟姜女》海报

剧情简介：

秦始皇统一中国后，强征苦役修建长城，导致死伤无数，并且，长城合龙处又一再坍塌，秦始皇为此忧心忡忡，夜不能寐。巫师建议，姑苏才子范杞良与皇上同年所生，可代皇上接通龙脉。秦始皇下诏捉拿范杞良。范杞良于是抛别寡母，逃亡他乡。一日，躲到华亭的莲花池里，恰逢孟姜女在此划船不慎落水，范杞良不顾暴露行踪将其救起。孟姜女既感激范杞良的救助之恩，又久闻其博学多才之名，遂对范杞良产生爱慕之情。范杞良不想连累孟家人，要求离去。孟父做主，让孟姜女与范杞良当晚成婚。不料因人告密，范杞良在成婚之际被秦兵抓走。

范杞良走后杳无音信，孟姜女思夫心切，决定去长城探望。路过姑苏去了范家，见婆婆已故，只剩小妹玉姑孤身一人。于是，姑嫂两人相依为命，一同去寻范杞良。途中，玉姑因病身亡，孟姜女掩埋了她继续北上。历尽千辛万苦，终于来到了长城脚下，却听

说范杞良被秦始皇加封为长城侯后活埋在了长城脚下。孟姜女悲愤异常，呼唤苍天偿还自己的夫君。其真情感动了天地，一时间电闪雷鸣，长城因之倒塌，露出了范杞良的尸骨。秦始皇为之惊动，要封孟姜女为夫人，终生享荣华富贵，孟姜女提出要秦始皇祭奠范杞良亡灵等三个条件，秦始皇一一答应。待祭奠亡夫之后，孟姜女却一跃跳入东海。

中央新闻纪录电影制片厂摄制的黄梅戏影片《孟姜女》剧照

长城脚下是我家（2008）

电影《长城脚下是我家》海报

2008年1月1日上映，由北京华彩在线文化有限公司出品，中共秦皇岛市委宣传部、中共抚宁县委、抚宁县人民政府、北京华彩在线文化有限公司、北京东仑国际文化传媒有限公司联合摄制。片长94分钟。导演：张羽；主演：郭晓峰（饰张贺山），曾韵蓁（饰月娥），张长锁（饰佟嘉锡），黄超（饰摄影家），赵毅伟（饰村长），周翔（饰会计），潘宜刚（饰秦二），陈东（饰赵大刀）。

剧情简介：

张贺山是河北省秦皇岛市抚宁县城子峪村人，祖先为了修护长城从浙江义乌迁到秦皇岛，父亲为了保护长城而被日本人打死。张贺山自小与长城结缘甚深，生在敌楼里，长在长城下，长城的一草一木他都非常熟悉并且视若珍宝。但是，贫困的村里人为了能挣几个小钱对长城屡屡破坏，张贺山深为痛心，决定倾其一生精力保护长城。

他一天到晚往长城跑，跑了无数趟，为了看守长城，顾不得侍弄地也顾不得收拾家，家里穷得叮当响，买不起酒，交不起儿子的学费。尽管如此，他仍不愿动长城的一草一木，并且，还屡屡制止村里人破坏长城的行为。比如，不让村里人抓长城砖下的蝎子，不许村里人采长城上的药材，更不许人偷长城砖盖房、盖猪圈，如此种种，几乎得罪了全村人。

秦二和赵大刀没了赚钱的门路，决定合伙陷害张贺山。先是趁他巡视长城时扔石头砸他，石头打中了张贺山的额头，流了许多血；又下逮野猪的机关套将其倒挂在树上好几个小时，使张贺山差点昏死过去。但是，这些打击和报复一点儿也没有动摇张贺山保护长城的决心。并且为了保护长城，他六亲不认：救命恩人将瓜子壳扔在长城边，张贺山制止不成转而与之翻脸；姨父偷长城砖盖猪圈，张贺山非得让他送回去才善罢甘休；妻子因骂“破长城”被张贺山打了一巴掌，气得跑回了娘家。张贺山也因没钱交儿子学费而被迫进城打工。但是进城之后，他心里想的、口里念的仍然是长城，后来还是辗转回到了长城边。

秦二和赵大刀因为资金短缺，想扒长城砖建养蝎厂，为了过张贺山这一关，决计送他一些股份，但被张贺山谢绝。村长只好另想办法，让每家把盖猪圈、羊圈的长城砖捐出来建养蝎场。动工那天，张贺山却又把捐出来的这些长城砖封起来，秦二和赵大刀气得要打张贺山。正在闹得不可开交之际，乡长及时赶来，制止了这场打斗，并肯定了张贺山保护长城的行为。

张贺山的努力没有白费，迄今为止，秦皇岛市的长城是全国保护最好的，而城子峪的长城又是秦皇岛市保护最好的，当然，这主要归功于张贺山的功劳。最后，张贺山不仅加入了政府组建的第一支保护长城的农民队伍，而且成为中国长城学会第一个也是唯一一个农民会员。

影片着重表现了张贺山为保护长城而做的种种努力，赞颂了张贺山在贫困中、打击前仍然不屈不挠保护长城的高洁品格。尽管张贺山这个人物形象有些被拔高的嫌疑，但总体来说，仍不失真实可信。

孟姜女（2015）

导演：姜永波；编剧：乔化军；主演：侯京健（饰万喜梁），唐国强（饰秦始皇）。

剧情简介：

秦始皇强征民役修筑长城，一日长城塌陷，秦始皇召方士占卜。方士本为楚国叛徒，曾为志士万喜梁所刺，便公报私仇，请秦始皇捉拿万喜梁来祭奠长城。万喜梁在逃跑途中躲入孟家花园，与孟姜女相识。孟姜女为其勇气所感，嫁其为妻。不料仆人将事泄露，万喜梁被秦兵捉去，方士将其活埋于长城脚下，有人看见并作下标记。孟姜女历尽艰辛来到北关万喜梁被埋之处，痛哭失声，风雨忽起，长城崩塌。孟姜女醒来竟在方士家中，她乘方士不备将其刺杀，随后自刎而死。

剧　情　片

二、电视剧

江湖血泪（1995）

1995年中国内地出品，22集国产古装武打电视连续剧。原名《孟姜女》，后改名《江湖血泪》。编剧：夏青根；导演：成科；主演：史兰芽（饰孟姜女），黄格选（饰范杞良），马羚（饰鸾和），肖荣生（饰襄），何伟（饰秦始皇），王新（饰扶苏），王奎荣（饰范昌）。

剧情简介：

孟姜女和范杞良为战国时齐国人，孟姜女为御史大夫孟超的女儿，范杞良是退隐居士范昌的儿子，两人青梅竹马，相恋甚深。正要举行婚礼之际，范杞良被秦国公子扶苏派人抓走，目的是要挟其父范昌归顺秦国。

在扶苏带范昌和范杞良回秦国的路上，亡国的韩国公子襄欲刺杀扶苏，但被要救范杞良的孟姜女所阻止。襄爱上了孟姜女。

范杞良入秦之后，被秦国公主鸾和看中，秦国公子扶苏也爱上了孟姜女。

后来，齐国被秦国所灭，为了不与暴君为伍，范昌自毁双目。秦始皇无奈，只得派人送范昌父子回家乡。回乡途中，被嫉才妒能和喜爱公主的李将军所追杀。范昌身亡，但范杞良却侥幸逃命，历尽艰辛终于和孟姜女相会。刚刚举行完婚礼，范杞良就被鸾和派去的李将军逮回，但是，由于怕暗杀范杞良之事被秦始皇知晓，李将军把范杞良送去修筑长城，受尽了苦难，九死一生。

为了救范杞良，孟姜女进宫求秦始皇，却被秦始皇所看上，希望孟姜女留在宫里做嫔妃，孟姜女不从。

鸾和屡次救助范杞良，希望范杞良能移情于自己，扶苏也苦心孤诣地想打动孟姜女的心，但两人终归失败。

最后，范杞良被李将军毁容，鸾和愤而杀死了李将军。而鸾和也因为阻止胡亥杀害范杞良被胡亥误杀，范杞良亦被胡亥所杀，徒留孟姜女和扶苏饮痛度生。

襄屡次刺杀秦始皇不成，最后亦自杀身亡。

电视剧《江湖血泪》VCD 封面

孟姜女（2000）

越剧电视连续剧《孟姜女》VCD 封面

2000 年宁波小百花越剧团演出，扬州电视台摄制，4 集越剧电视连续剧。编剧：刘鹏春；导演：俞克平，沈洁；副导演：刘炼，居天；主演：赵海英（饰孟姜女），白银飞（饰万喜良），杨慧月（饰秦始皇）。

剧情简介：

秦始皇为抵御匈奴的侵扰，下令建造万里长城。万喜良为著名的建筑工匠，为躲避朝廷的征召，潜逃在外。

孟姜女替父亲画朝廷通缉万喜良的画像时爱上了万喜良，去莲池洗画笔时又恰遇躲避追捕的万喜良。孟姜女借口万喜良看到自己的身体坚持与之成婚，孟父成全了他们。

婚后两人躲进山洞过了一段神仙眷侣的生活。一日，万喜良偶然看到鸿雁带来的戍边将士的血书，呼吁乡民赶紧建设长城以免遭匈奴屠戮。万喜良正欲去长城工地之际，恰逢官兵前来抓捕。原来，孟姜女哥哥孟金为免服劳役，出卖了万喜良。万喜良被抓，孟金也未能幸免。

孟姜女忍受不了思念之苦，决心去长城为丈夫送寒衣。一路上受尽了艰难困苦，并遇到了出逃的哥哥孟金。孟金听说妻子桃花已死，跳下了悬崖。孟姜女仍不辞辛苦，继续寻找万喜良……

九尾狐与仙鹤(2005)

2005年浙江电视剧制作中心、杭州瑞丽文化传播公司、浙江天瑞国际传媒有限公司、深圳市图龙广告有限公司联合摄制，杭州瑞丽文化传播公司出品，珠海东望洋影业有限公司发行，26集大型神怪奇情电视连续剧。又名《孟姜女》。编剧：王洁；导演：郑纪民；主演：吴兰馨紫（饰孟姜女、九尾狐），虞军（饰万喜良、仙鹤），游本昌（饰太白金星），邬倩倩（饰孟姜女外婆），寇振海（饰孟姜女外公），王若荔（饰王母娘娘），汪永贵（饰万老爷），张亨利（饰侯老爷），张雷（饰田光），庄谨（饰玉儿），张怡（饰蝎子精），王洁（饰侯玉珍）。

电视剧《九尾狐与仙鹤》海报

剧情简介：

修炼了五千年的仙鹤和九尾狐终成正果，得道成仙，成为太白金星门下弟子，被赐仙号“清风”“明月”。

不久，适逢王母娘娘寿辰，清风、明月私自下凡去替师父寻找寿礼。两人在途中日久生情，因情导致再犯天规，王母娘娘雷霆大怒，将他们贬下凡间投胎为人，永世无夫无妻。太白金星得知苏州万家媳妇胎死腹中，让清风立即投胎万家，明月投胎至隔壁孟家，以便两人再续前缘。

孟姜女秀外慧中，万喜良才华横溢，两人一见钟情。但因两家有仇，两人历尽周折才得以成婚。新婚之日，万喜良即被官兵抓走修砌长城，万家顿时陷入厄运中：万喜良的父亲因承受不了打击而猝死，祖父半身瘫痪，祖母精神失常，母亲玉儿承担起了这个家。孟姜女见此情形，决定不顾世俗偏见，带着婢女小莲和仆人孟兴千里寻夫。

上路不久，便遇到一群难民，抢走了他们的干粮、盘缠和马车，孟姜女苦苦哀求才保住了寒衣。

走至某郡，又因孟姜女的美貌而再惹风波。郡守陈大人十分仰慕孟姜女，陈夫人因之对孟姜女恨之入骨，瞒着陈大人绑架了孟兴和小莲，又假装好意把孟姜女骗到陈府，逼迫孟姜女替她为陈家传宗接代。陈家管家也对孟姜女起了贼心，欲调戏孟姜女，恰被陈大人撞见阻止，一场风波化险为夷。

凡人的劫难刚刚过去，天上的精灵又来寻衅：修炼时结仇的老虎精和蝎子精来报仇，孟姜女凭借机智果敢和太白金星的帮助，才得以脱险。

来到大梁郡，又碰上了一桩连环杀人案，仆人孟兴被诬入狱，后在热心人的帮助下，

电视剧《九尾狐与仙鹤》剧照

案件真相大白，孟兴得以昭雪。

当孟姜女一行借宿于山野中时，深受爱情创伤的主人因受刺激要杀他们，孟姜女急中生智，解开了对方的心结，再次摆脱危难。

历经磨难的孟姜女终于来到了长城边，可是万喜良却因难耐劳役重负和饥饿寒冷逃跑被逮，已被杀害于长城脚下。孟姜女异常失望悲痛，向苍天大声哭诉，长城为之倾倒。前来巡视的秦始皇大怒，喝令孟姜女跪下，孟姜女坚决不跪，一头撞死在长城脚下。孟姜女的行为感动了王母娘娘，王母派太白金星让坍塌的长城重立起来，万喜良与孟姜女死而复生，手牵着手飞走了。

孟姜女千里寻夫(2007)

2007年中国内地制作，30集电视连续剧。主演：孙继堂、高宇、梁斌。

剧情简介：

故事发生在江南松江府华亭县孟家庄，正直善良的孟隆德育有一女名为孟姜女，聪明美丽，活泼可爱。一次游玩时不慎失足落水，恰被出逃的范喜良所救，两人相识相爱。新婚当天，由于垂涎孟姜女美色的表哥杨金宝密报，范喜良被新上任的县令吴海派人抓走，拉去长城服苦役。孟姜女不辞辛苦千里寻夫，路上遭遇种种非人的磨难，都被她用智慧化险为夷，最后竭尽全力终于到达长城脚下，但是，范喜良却因劳累过度，病饿交加，被监工害死埋在长城里。孟家女悲愤异常，大声哭喊，惊动了秦始皇，秦始皇亦喜欢美貌的孟姜女，欲强占她为妃。孟姜女不从，跳海自杀。

孟姜女传（2012）

2012 年北京昆朋未来文化发展有限公司出品，26 集古代传奇电视连续剧。

剧情简介：

故事发生在秦朝末年的湖南常德一带，孟家和姜家互为邻居且关系要好，但都无子嗣。两家共同扶养一个小女孩，取名为孟姜。孟姜长大后，美丽异常，聪慧绝伦，人见人爱。一次偶然的机会，孟姜邂逅了才貌双全、智勇超常的青年范喜良，两人一见钟情，在父母的许可下喜结连理，婚后举案齐眉，非常恩爱。但是没过多久，范喜良就被强征为民夫，到山海关修筑长城。修筑长城的工作异常艰苦，饥饿寒冷不说且负荷超常，许多人累死或病死在工地上。孟姜思念丈夫，郁郁寡欢，于是决定到山海关为丈夫送寒衣。一路上遭遇了野兽的袭击、恶棍的纠缠、强盗的阻拦、风雨的侵袭和饥饿的折磨等等苦难，最后终于到达山海关。但因为是女儿身，守城官兵不让进城，孟姜灵机一动，扮成男人混入关内，却不幸被人识破。守城官兵把她送至秦王宫中，等待秦王惩处。然而，秦王见到了孟姜，不但没有惩罚她，反而被她的美貌和胆识所吸引，要纳她为妃嫔。孟姜为了见到丈夫范喜良，假意答应了秦王的要求。后来，偶然得知丈夫死在了长城脚下，孟姜彻底崩溃。她哭天喊地，悲痛欲绝，其哀情深深感动了上苍。一时间，电闪雷鸣，风雨交加，长城为之坍塌。孟姜用双手挖掘被冲破的石块和土块，直挖得鲜血淋漓，终于挖出了丈夫的骸骨。孟姜重新妥善安葬了丈夫，随后跳入大海为夫殉情。

专　题　片

一、长城总体介绍

万里长城（1981）

专题片《万里长城》片头

1981年上海科学教育电影制片厂摄制，山海关文物保管所、嘉峪关市文物管理所协助摄制，中国电影发行放映公司发行。编剧：卞佩才，殷培龙；导演：殷培龙。该片获1981年文化部优秀科教片奖。

内容简介：

影片一开始把长城比喻成一条蛟龙，蛟龙的龙头是渤海之滨的山海关，龙尾是甘肃的嘉峪关。然后从龙尾——明代长城的西端重镇嘉峪关讲起。先简单介绍了嘉峪关周围的自然环境、地理风貌；再重点介绍嘉峪关的内部建筑结构：嘉峪关有东西两门，两门都有瓮城围护，整个关城围有外城，形成城外有城、重关重城之势；再介绍嘉峪关城楼上一块方砖的传说，表现建造的复杂及不易；最后讲述嘉峪关地理位置的重要性：嘉峪关位于河西走廊的咽喉处，对于抵御外侵起到了重要的作用。

镜头一转，转到了龙头山海关即“天下第一关”。介绍了山海关的内部建筑特点、地理位置的重要性、名字的由来、外部的建筑布局，并重点提到了宁海城、威远城、老龙头。讲完山海关，开始讲述烽火台的作用和原理，并结合山海关旁边的孟姜女庙讲述孟姜女哭

专题片《万里长城》画面

长城的传说，揭示建筑长城付出的巨大代价。

第三部分讲述长城修筑的历史。战国时代，各诸侯国为了保护自己的国家开始修筑长城。秦始皇把各诸侯国的长城连接起来，合而为一，但是，秦长城后来大都已湮没。汉武帝时代，重新修缮了秦长城，又在远离长城的北面，修筑了1万公里的汉长城，是长城史上最长的长城。汉长城在汉代以后逐渐荒废，但遗址在一些地方还可见到。而后，北魏、北齐、金、明等各朝代都进行过大规模的修筑和增建。明朝是长城修筑史上最后一个朝代，修筑时间也最长，相继200余年。明长城西起嘉峪关，东越辽东，全长3600多公里（最新数据：8851.8公里）。

山海关到居庸关是明长城的精华。先简单介绍两关之间的要塞——古北口长城地理位置的重要性、修建历史、城楼特色；接着详细介绍蛟龙的心脏——居庸关地理位置的重要性、外部布局和内部结构特点，指出居庸关、八达岭一代的明长城无论是工程质量还是修筑规模都是长城史上水平最高的。长城经过长达2000多年的修筑，累积的总长度可以绕地球一周还足足有余，竟超过5万公里（最新数据）。长城磅礴的气势令世人称赞，其在抵御外族入侵方面起到了至关重要的作用，但是，建筑长城却是异常艰辛的，无数人抛妻离子甚至葬送了生命，这是值得人们牢记和反思的。

专题片《万里长城》画面

万里长城(1988)

《万里长城》是中国第一部关于长城的电视专题片，被誉为“一部完整的关于长城的百科全书”。拍摄于1985年至1987年，1988年元旦起在全国播映。由中国长城学会筹委会牵头，辽宁、河北、天津、北京、山西、内蒙古、陕西、宁夏、甘肃、新疆十省、市、自治区电视台共同拍摄完成。这部长达37集的电视系列片，耗资650万元，历时两年，行程达10万公里。

内容简介：

《万里长城》对从春秋战国到明朝历朝历代的长城进行了全面系统的考察，重点介绍了秦、汉和明长城；另外，还展现了长城在交通往来、经济发展、建筑艺术上所起的积极作用。

这部专题片是目前最完整、最全面的用电视镜头记录长城的一部百科全书，不仅使人们感受到了长城雄伟的风貌，还使人们全面了解了长城的历史变迁、名人轶事、名胜古迹、民俗风情、民间传说等。

整部专题片舒缓有致，节奏活泼。尤其是在《满族风情》《一代天骄》《回族乡情》《天山南北》中，都用了不少的笔墨介绍了满、蒙、回、维等少数民族的生活习惯、历史变迁以及现在的状况。

专题片的拍摄方式也非常值得一提，有些珍贵的镜头如楼兰古迹、高昌故城遗址、交河故城遗址等，都是摄像师们冒着生命危险，乘直升飞机深入到罗布泊雅丹戈壁荒漠上获得的。

除此之外，专题片解说词文采盎然，优美华丽，既富有激情又富有气势，能够激发观众“爱我中华、修我长城”之情，对于宣传长城、保护长城有着非常积极的作用。

解说词(节选)：

序　集

我们在了解世界，世界也在了解我们。

纵观世界民族之林，每个国家、民族，都有自己象征性的建筑……

这截然不同的建筑，饱含着民族的信念；

这风格各异的艺术瑰宝，凝结着各民族的智慧、情感和力量。

如果排列世界建筑奇迹的名单，其中最引人注目的就有中国的万里长城。

被称为“东方巨龙”的万里长城，是中华文化在中国大地上所刻画的一条金线。它的长和大、存在的恒久、功能的显赫、影响的深远，在世界文化史上占有着卓越的地位。

中国的《诗经》上记载：“天子命我，城彼朔方；赫赫南仲，猃狁于襄。”诗中的“城彼朔方”指的就是公元前9世纪修筑的配有烽火台的小城。

中国东汉时期的大学问家蔡邕说：“天设山河，秦筑长城，汉起塞垣；所以别内外，异殊俗也。”这里已经提到了秦、汉万里长城。

两千多年来，长城蜷伏在高山峻岭上，甚至在大海湖泊里也有它们的身影，单是从头到尾走一遍长城，就不是一件容易的事。

这是19世纪中叶英国人绘制的铜版画。当时的欧洲人就对中国的长城怀着强烈的兴趣，长城在他们的想象中甚至成为一个神话。19世纪末，德国考察队也曾来到过北京的南口和居庸关。

1909年，美国作家威廉•基尔从大洋彼岸来到中国，考察了长城。他在《中国的长城》一书中赞叹说：“瞧那座在星光和月光下的长城；瞧那座浸浴在夕照和晨曦下的长城；瞧那座浓雾迷茫里的长城，雨水冲洗中的长城，飘雪笼罩中的长城吧。”

半个多世纪以后，登上太空和月球的美国宇航员阿姆斯特朗和查理•杜克宣布，在太空能够辨认出地球上中国的万里长城。这是当时《纽约时报》上发表的文章。

如果说万里长城是以整个地球为背景和基座的巨型雕塑，那么，这巨型雕塑的作者就是伟大、勤劳、智慧的中华民族。

公元前8世纪至公元前3世纪之间，是我国的春秋战国时期。当时，几个较大的诸侯国，为了互相防御，修筑了高大的城墙。由于这种城墙很长，而且互不连贯，所以被称为“长垣”或“长城”。

公元前221年，秦始皇建立了中国历史上第一个中央集权的封建国家。《史记》上记载：“秦已并天下，乃使蒙恬将三十万众北逐戎狄，收河南；筑长城，用制险塞，起临洮，至辽东，延袤万余里。”确切地说，秦长城全长7000公里。从此，中国历史上第一道万里长城就出现在我国北部辽阔的土地上。

秦代以后，西汉、东汉、北魏、北齐、北周、隋、辽、宋、金、元、明各代都修筑或增建过长城。至今，它们的苍凉身影还散落在高山和草原上。

在这些长城中，汉代长城和亭障的长度超过了10000公里，它东起辽东，往西一直伸展到盐泽，即今天新疆罗布泊以西。

明长城是我国最后一道万里长城，明长城的东端起点在鸭绿江边，西至嘉峪关，全长7300公里。

如果把历朝历代修筑的长城加在一起，总长度将超过5万公里，如果用明长城的砖石泥土修一道厚1米、高5米的墙，可以绕地球一周有余；如果把它修成宽5米、厚35

厘米的道路，则可绕地球三四周了。

1985年冬，中国辽宁、河北、天津、北京、山西、内蒙古、陕西、宁夏、甘肃、新疆十省、市、区电视台联合组成了万里长城摄制组，开始对历朝历代的长城进行系统的考察。从空中到地面，行程约5万公里，对长城进行了全面拍摄。

万里长城是一轴庞大而丰富的历史画卷。在这画卷中融汇着政治、经济、军事、文化、艺术、建筑、地质、天文等多方面、多层次的知识。如果探索这绵延万里的世界奇观，或许能揭开中国古老而珍贵的神秘。

中国的北方，自古以来就是多民族叱咤风云的大舞台，汉、匈奴、东胡、蒙古、女真、鲜卑、突厥、契丹等民族都在这个舞台上演出过威武雄壮的史剧。万里长城作为历史上国内各民族统治集团之间矛盾的产物，作为冷兵器时代庞大的军事防御体系，对保卫和开发中原，特别是北方的经济文化，起到了不可否认的作用。但是，在和平时期长城并不妨碍民族间的友谊、文化交流和商业贸易。无论是金戈铁马，还是通婚媾和，这条巨龙浑身始终洋溢着一股强大的民族凝聚力，生活在长城内外的人民，他们以自己独特的生活习俗和文化传统，给中国北方增添了一幅幅明丽鲜艳的风情画。

与此同时，在长城沿线，还产生了无数动人心弦的民间故事和优美的传说……

万里长城不仅是中国历史的见证和民族精神的丰碑，而且是中国与世界经济文化交流的巨人使者。

早在2000年前，中国与欧洲、中亚、西亚各国就有了友好往来，汉武帝派遣张骞出使西域以后，为了保障丝绸之路这条国际通道，在河西走廊设立了敦煌等四郡，并把汉长城沿丝绸之路延伸到罗布泊，北部修筑了居延塞。至今，这些名城古塞还屹立在绿洲戈壁上，诉说着这条大道上的灿烂历史。

中国的丝绸、造纸术、印刷术、火药沿长城保卫着的道路传到了西方，促进了西方文明的发展。而佛教、景教、伊斯兰教，音乐舞蹈和毛织品，也传入了中国，为中国文化注入了新的血液。长城线上众多的出土文物，像绚丽的丝路花雨，洒满了沟通东西方的古老大道。

如果说，几百年前长城就和埃及金字塔、罗马斗兽场被列为中古世纪世界七大奇迹之一，载入了世界文明的史册，那么，今天历久不衰的长城热则更雄辩地说明，长城不愧是世界文化史上的瑰宝和奇观。“不到长城非好汉”，已经成为不同肤色的人一种共同的、梦怀魂牵的夙愿。

如果说，浩浩长江、滔滔黄河像摇篮养育了华夏文化，那么巍巍长城就是一部皇皇巨著，把这悠久的文化书之万里。

如果说，浩浩长江、滔滔黄河是巨龙身上的两道脉管，那么巍巍长城就是中华民族的脊梁。

长城，上下两千年，纵横十万里，目击历史变迁的巨人，今天，长城更加焕发着自己的青春和魅力，成为友谊的桥梁与和平的纽带。

长城，中华民族的骄傲，人类坚韧、智慧的象征。长城的上空将永远腾飞着人类的希望。

尾　声

东起鸭绿江畔，西到天山南北，横贯万里的伟大长城，已经走完了它的全部路程。回顾那峥嵘的岁月、险峻的途径，怎能不使人感慨万端呢？如果把长城比作一部书之万里的历史巨著，那么由我们十个省、市、区电视台组成的“万里长城摄制组”已将这部巨著拍摄完毕，陆续奉献给亲爱的观众了。现在，当您看完这部系列片，掩卷长思，浮想联翩，该会有些什么感受呢？

是啊！万里长城确实像一条威武雄健的巨龙，在中华大地上，在北方广袤的原野上，跨山越谷，蜿蜒潇洒，时而敌楼林立，时而墙体跌宕，时而雄关座座，以一种顽强不屈的性格，向前挺进着。它虽然经了两千多年的悠悠岁月，直到今天，仍然向全世界表明着它那坚强不朽的活力。

长城，是中华民族的象征。

长城，是中华民族伟大精神的体现！

可以这样说，万里长城从它诞生的第一天起，就携带着它所经历过的漫长岁月的各种信息。这里既有含辛茹苦的修筑者的劳动、坚韧和智慧；又有日光月华，大自然的变动、风化和侵蚀；还有金戈铁马，各民族的交汇、融合和发展。所有这些，无不在长城身上打下它深深的烙印。从那些不计其数的、形制多样的敌台、要塞、隘口、关城中，我们可以清楚地看到万里长城在军事上的作用；从那些丰富多彩、极其珍贵的文化遗存中，我们可以了解到中国历史上交通往来、经济发展、建筑艺术的重要成就；从长城沿线大自然的沧桑变化中，我们又可以了解到中国北方的古代农业、气象、水文、沙漠变迁等学科的重要内容。

长城是中国古代国内各统治集团之间矛盾的产物，从秦始皇起就在长城内外设置了许多郡县，汉长城既不是中国的国界，也不是中国境内划分行政区的界线。

万里长城作为伟大的战略防御体系，在历史上对于保护中原农耕生产方式，确实起到了一定的作用。是的，历史上曾是烽烟滚滚的长城内外，如今，早已变成骏马嘶鸣、群羊撒欢的美丽草原。但历史终究是历史，不论是在兄弟民族失和的战乱中，还是在通商友好的和平年月里，在中华各民族的历史进程中，都曾诞生过一些可歌颂的英雄人物，这些民族精英，他们伟大的精神和品格，他们的宏伟业绩和贡献将永远载入史册。

长城，既是中华民族的历史丰碑，同时，也是各民族英雄人物的伟大丰碑。

万里长城作为千古绝唱的主题，曾孕育了无数让人荡气回肠的壮美诗篇。

落日照大旗，马鸣风萧萧。
借问大将谁，恐是霍骠姚。

〔唐·杜甫〕

明月出天山，苍茫云海间。
长风几万里，吹度玉门关。

〔唐·李白〕

劝君更尽一杯酒，西出阳关无故人。

〔唐·王维〕

这些脍炙人口的边塞诗，给后人留下了宝贵的文学遗产。意境辽阔悲壮，让人回味无穷。

如果把万里长城比作一条凌空飞舞的巨龙，那么我们从这条巨龙身上，看到了中华民族的智慧和力量。这种力量，不仅是劳动人民血汗的结晶，也是联结各民族的神圣纽带。站在长城古老的躯体上，任何一个中国人都会感到骄傲和自豪。

长城，它交织着自然料学和人文科学这一文化遗产的雄风古彩，可以说，万里长城是中国两千多年历史的百科全书。在它身上所包含的知识是那样博大精深和丰富，它让人意兴盎然，探索不尽！两千年的历史充分证明，万里长城有着伟大的凝聚力量，有着催人奋发的一种精神，这种精神就是中华民族之魂，“不到长城非好汉”，已成为中华各民族团结胜利、排除万难、努力攀登历史高峰的伟大精神力量！

“爱我中华，修我长城”，这是邓小平同志发出的号召，也是整个中华民族的心声！这项爱国主义教育活动正在全国蓬勃展开，有许多爱国侨胞、国外友人和团体也热情地参加进来，这无疑对于了解、宣传、研究、保护、修复、开发长城是个极其有力的推动！

一块块砖石，饱含着对先辈的崇敬之情，一座座敌楼，正焕发出青春。

万里长城啊！世界奇观，中华瑰宝。

让我们所有的炎黄子孙携起手来，为中华巨龙的腾飞去探索，去创造，去奋斗吧！

长城（1996）

《长城》是1996年北京科学教育电影制片厂出品和发行的纪录写实影片，片长20分钟。编剧：邹静之；导演：孙兴远。

纪录片《长城》片头

内容简介：

本片介绍了长城在失去军事防御价值以后，对于我们今天所具有的审美价值。重点表现长城的建筑美、群体空间的神韵美、历史岁月的沧桑美等。并着重指出，长城是中华民族智慧的结晶，体现了中华民族坚韧不拔的精神。

纪录片《长城》画面

世界遗产之中国档案：长城（2003）

2003年，中央电视台《探索·发现》栏目组推出了30集大型电视纪录片《世界遗产之中国档案》，由中国国际电视总公司制作。该系列电视片从人文地理和自然地理的角度对中国的世界遗产进行了一次规模宏大的文化诠释。它以敏锐独特的观察视角，表现了深厚的文化意蕴，极具人文、地理、美学价值。总编导：王新建、盛振华；编导：张琦。《长城》是第10集，时长45分钟。

内容简介：

《世界遗产之中国档案：长城》分别从以下五方面对长城进行了专题介绍：一、长城的长度和修筑长城的时间跨度；二、古代三次大规模修筑长城的朝代；三、修筑长城的人员、材料、方法及建筑特点；四、游牧民族大规模南下引起的三次政权更迭以及三

纪录片《世界遗产之中国档案》第10集《长城》画面

纪录片《世界遗产之中国档案》第10集《长城》画面

次大的民族融合；五、长城的作用。

第一部分主要介绍长城的长，主要从长城总长度的长和修建长城所花费时间的长两方面来叙述。长城在春秋战国时期就已经开始修筑，但是由于当时诸侯林立，国境较小，所以一般小国的长城都只有几百里，一些大的诸侯国的长城也不过三四千里。万里长城的名字首先是从秦始皇时期才开始有的，但这个长城并不是唯一的万里长城。第二个拥有万里长城称号的是汉朝修筑的，西起今天新疆、东至辽东的内外长城和烽燧亭障，长度达到了20000余里，是我国历史上修筑长城最长的一个朝代。第三个万里长城指的是明朝修筑的西起嘉峪关、东至鸭绿江，全长14700多里的长城。此外还有金代的长城也将近万里。把各个时代修筑的长城的总长度加起来，大约在10万里以上。由于时代久远，早期各个时代的长城大都残缺不全，所以一般人谈到万里长城主要指的是明长城，所说长城的长度也指的是明长城的长度。

从修筑长城的时间跨度来说，长城的长也能够得到充分体现。西周时期，我国就出现了以城墙和城堡相连接的军事防御工事。春秋战国时期位于中国北方的秦、赵、燕等

纪录片《世界遗产之中国档案》第10集《长城》画面

纪录片《世界遗产之中国档案》第 10 集《长城》画面

诸侯国为了防御北方游牧民族的侵扰，也在各自的边疆修筑了城墙。为了保存自己的土地和人口，各诸侯国开始大力修筑城墙，并在敌对国方向的战略要地构筑军事据点，后来又把这些小城和要塞用墙或壕连接起来，长城从此就产生了。战国时期七个主要的诸侯国齐、楚、燕、韩、赵、魏、秦都筑有长城。

第二部分主要介绍了我国古代三次大规模修筑长城的朝代。我国古代第一次大规模的修筑长城开始于秦代。公元前 221 年，秦始皇统一了中国，为了巩固中央集权和防御匈奴、东胡骚扰中原，秦始皇在统一六国以后的 15 年中，将原有的秦国、燕国和赵国的长城连通加固，筑起了一道西起临洮、东至辽东绵延万里的秦长城。到了汉代汉武帝时期，国力强盛，一方面对匈奴发动大规模战争，一方面积极修筑长城。不仅修缮了秦长城，而且还筑了新长城。汉长城规模的宏大更远在秦长城之上，汉武帝主要修筑了通过河西走廊的长城。明朝是修筑长城的第三个高峰时期，为了防御蒙古、女真等游牧民族的扰虐，明朝十分重视北方的防务。不仅全国各州、府、县的城墙修筑得十分坚固，而且修筑工程更为浩大。在明朝统治的过程中，270 多年中差不多一直没有停止过对长城的修筑和巩固长城的防务。明朝长城工程之大自秦皇汉武之后没有一个朝代能够与之相比。长城至明朝才真正完成。

第三部分点明了修筑长城的人员、材料、原则及建筑特点。修筑长城的人员主要是军队、征调的民夫、犯罪以后充边的人。长城在明代以前的修筑材料主要是石、土和木料，明代以后才开始大量地使用砖。长城修筑有一个很重要的原则就是因地制宜，根据不同的地方取材。长城建筑的特点就是一个完整的军事防御体系，就墙体来说，在这条线上除了有关口以外，还有屯兵的一些城堡、烽燧、敌楼，有很多用于军事防御的建筑设施。

第四部分着重讲述游牧民族南侵引起的三次政权更迭以及由此带来的三次大的民族融合。第一次是两汉之后的“五胡乱中华”。东汉末年，史称“五胡”在长期的纷扰之后渐渐趋于统一，也逐渐接受了汉化，“五胡”在中国北方与汉人杂居，中国北方陷入了长期的纷乱状态之中，这种状态一直持续了136年之久。隋唐统一全国后，这种民族融合的趋势得到了更大的发展。文化融合的结果就是产生了辉煌的大唐文明。第二次是辽金与两宋的对峙和元的统一，由此引发的第二次民族融合也开始于唐朝末年。辽、金、元的建立者分别是契丹、女真、蒙古等少数民族，他们均以游牧起家，但在同长城以南汉民族的冲突与交往之中逐渐接受了汉民族的传统文化，融合到了汉文化之中，开创了中华文明的新局面。第三次是满族入关建立大清。汉满民族长期杂处，文化交融不可避免，满族文化仍不可避免地被融到了汉文化之中。长城作为一个军事防御工事，修建它的初衷是为了把不同的民族分割开来，但是纵观中国的历史，长城从来就没有将不同的民族真正隔离开来，而是全景般地目睹了它们的融合，亲历了中华民族的团结、共荣、辉煌和苦难。

第五部分介绍了长城的作用，分别介绍长城在古代的作用和当今的作用。长城在古代的作用主要是军事防御，除此之外，还在民族融合的商贸往来过程中发挥了巨大的作用。长城使两边的农业经济和游牧经济产生有序化发展，既保护了其南部的农业生态环境和农耕生产，也保护了其北部畜牧业的生态条件和牧业生产，促进了农耕文明和游牧文明的共生发展。长城的出现，让双方长时间的和平相处和相互交往成为可能。在先进与落后两种势力的对抗中，客观上促进了相互间的经济和文化的交流。当游牧民族入主中原时，不可能抵挡和抗拒先进的农业文明的诱惑，自觉不自觉地融合到农耕经济之中，吸纳、借鉴其先进的理念和手段，从而促进了游牧民族的发展。长城对中国古代文明的持续发展起到了保证和促进作用。

如今的长城作为军事防御设施的作用已不复存在，兄弟民族之间的千年干戈也早已化为玉帛，长城在今天所发挥的作用主要可以从两方面来说：精神上，长城给我们带来了民族自豪感，是中华民族精神的象征；从物质方面来说，长城作为旅游胜地，吸引了国内外大量游客前来参观，为我国经济的发展起到了很好的推动作用。

长城（2003）

《长城》由黑龙江文化音像出版社 2003 年出版发行。

内容简介：

专题片《长城》(2003）画面

《长城》专题片分别从以下五个方面对长城进行了介绍：一、长城总介；二、八达岭长城；三、长城用途与建筑特征；四、长城的施工管理与建筑历史；五、明朝长城的珍贵历史。

第一部分主要是叙述长城建造的历史。从战国以来，有 20 多个诸侯国和封建王朝修筑过长城，最早是楚国，为防御北方游牧民族或敌国的入侵，开始营建长城，随后，齐、燕、魏、赵、秦等国基于相同的目的，也开始修筑自己的长城。秦始皇统一六国后，派著名的大将蒙恬北伐匈奴，把各国长城连接起来，西起临洮，东至辽东，绵延万里，史称万里长城。这就是万里长城的由来。

第二部分主要介绍了长城中最坚固的一段——八达岭长城。指出了八达岭长城位置的重要性，地处华北平原和蒙古高原之间，是北京通往西北的要道，自汉代便在此设军事重镇居庸关，明代为保卫京城的安全，开始修建东起山海关、西至嘉峪关的长城，八达岭上因此而出现了八达岭长城，气势雄伟，工程浩大。

第三部分点明了长城的用途和建筑特征。长城建筑在材料选择上非常讲究，全为石砖结构，城墙内为夯土和黄土碎石，外部包着花岗岩条石，坚固异常。

第四部分则着重说明长城在施工方面的独特之处。在建筑规划方面的原则是因地制宜，用险制塞。在选址、施工管理和材料供应上都有其创新性。选址多在峡口之处或河谷江河转折之处，或是平川往来必经之地。烽火台则选取在高山和孤旷之处，城墙也要利用地形而建。管理采用分区、分片、分段、包干等方法，如明长城在管理上设九个军事重镇进行管理。材料大多就近取材，砖瓦就地开窑烧制，石灰也是就地采石烧制，木料就近采伐。

第五部分简单介绍了明长城的历史，指出我们今天所见的长城大多是明长城。明灭元之后，为防止蒙古和女真族的骚扰，朱元璋接受建议，开始修建长城。200 多年间明代一直不间断地修建长城，工程量之浩大无朝可及。除长城外，明朝还在全国各地设置城防关隘、都司、卫所，和长城一起形成了明朝边疆完整的防御工程体系。

专题片《长城》(2003) 画面

话说长城（2007）

《话说长城》是2007年由中央电视台《再说长江》主创人员与中国长城学会合作拍摄的大型电视纪录片。共12集，每集45分钟。总导演：贾晓坤。

内容简介：

《话说长城》主要从历史、军事、战争、建筑、经济、融合、地域、文化和人文角度对长城进行全面的介绍。从细节入手，在历史文化的讲述中纳入民间故事和传说，以具体历史事件和人物表达主题，注重突现长城的雄、险、奇、绝、美，是一部融知识性、趣味性、揭秘性、历史性、风光展示为一体的长城纪录片巨著。

第一集　综述篇《万里长城》，主要介绍万里长城的起源、发展和现状。

第二集　历史篇《千年沧桑》，评述为何有的朝代修筑长城，而有些朝代却没有修建长城的原因。

第三集　军事篇《烽火逐鹿》，从防御体系说起，介绍改朝换代、民族和战、重大政治经济文化方面的历史事件等。

第四集　战争篇《金戈铁马》，介绍长城历史上的重大军事战役、长城的守备、各关隘的作用等。

第五集　建筑篇《烽烟散尽》，介绍城墙、关城、镇城、烽火台等长城的建筑结构以及不同地域长城的建筑特色等。

第六集　经济篇《边塞茶马》，介绍茶马古市、丝绸之路等，主要是展现长城在经济上所起的作用。

第七集　融合篇《干戈玉帛》，主要介绍匈奴寻迹、满汉融合等历史事件。

第八集　地域篇《塞上风情》，介绍长城内外人民的生活现状及民风民俗，展现长城沿线不同的地域特色。

第九集　文化篇《秦月汉关》，介绍与长城有关的文人墨客、帝王将相、戍边士卒、民间故事、戏曲说唱、诗词歌赋等。

第十集　人文篇上《我的长城》，讲述古代人物与长城的故事。

第十一集　人文篇下《我的长城》，讲述现代人物与长城的故事。

第十二集　总结篇《几度夕阳》，评价与长城有关的重要历史人物的功过是非，评析长城在历史上所起的作用。

《话说长城》是一部全面介绍长城历史、文化的大型纪录片，用现代影视的手段向人们展示了长城深厚的文化底蕴和发展现状，是为2008年的奥运盛会奉献的一份特殊的礼物。

世界遗产：从空中看万里长城（2007）

《世界遗产：从空中看万里长城》是由日本东京广播公司（TBS）2007年制作播出的旅游风光片，语言为日语，时长24分钟。

内容简介：

《世界遗产：从空中看万里长城》从空中拍摄了东起渤海之滨的老龙头、西至甘肃的嘉峪关，途经北京、大同、榆林、银川等城市的万里长城雄伟壮观的景象，是表现角度比较特殊的一部旅游风光片，重在介绍景观建筑，带有“移步换景”的顺序特点。

专 题 片

二、长城修建历史

亚洲玄秘: 万里长城(2002)

《亚洲玄秘》是美国探索频道(Discovery Channel)2002年制作播出的系列纪录片,《万里长城》是其中的1集，英文名为Mysteries of Asia : Secrets of the Great Wall。语言为英语，时长52分钟。

纪录片《亚洲玄秘：万里长城》VCD封面

内容简介：

《亚洲玄秘：万里长城》主要讲述了中国从秦至清几个最重要的朝代兴建万里长城的始末以及流传的传说。

秦始皇统一中国之后，为驱逐威胁已久的北方游牧民族，建造了西起临洮，横越沙漠、山岭及高原，东至韩国边境4000余英里的长城，仅12年即完工。长城虽然保护了中国，却造成了大量人民伤亡，孟姜女哭长城的传说就体现出秦始皇修长城的暴虐与残酷。

汉朝尽管引进了新品种马作为最重要的武器和交通工具，但是疆域仍需要长城的保护，因此修筑了第二道万里长城。这道长城共绵延6700英里，比秦长城长了2700英里，堪称人类历史上最长的建筑工程。汉长城在戈壁沙漠中就地取材，利用沙、树枝和马粪等建筑长城，非常坚固。除此之外，还利用烽火发展出先进而成功的信号系统。长城保卫了丝绸之路，从而带来了商业的兴盛和汉朝的繁荣，致使汉朝的版图扩至长城以北和

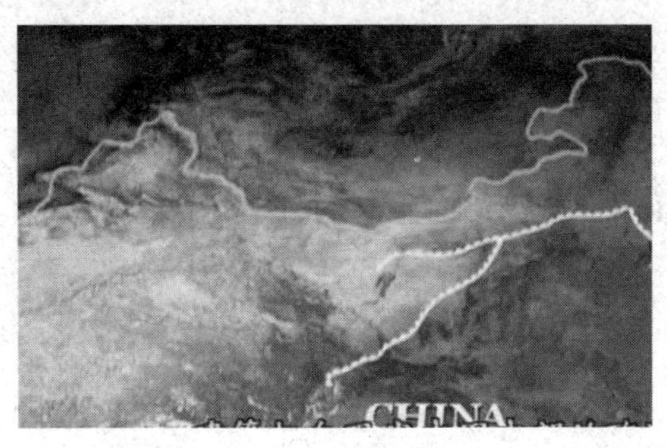

纪录片《亚洲玄秘：万里长城》画面

以西，相当辽阔。由于长城的存在，游牧民族无法攻破长城，便大举西进，征服了中亚和东欧，使欧洲陷入了500年的黑暗时代。

在欧洲受苦难的同时，中国进入了唐朝的鼎盛时期，这是中国历史上最富裕、势力最强大的朝代。唐朝成功地运用贸易与外交统御着万里长城两侧，其中最主要的外交方式是和亲，“牺牲”公主比建造与戍守长城更便利、划算，于是长城渐渐沦为废墟，但是，这种和亲策略只维持了短暂的和平。

1204年铁木真统一了中国北方所有的游牧部落，然后率领十万蒙古大军从居庸关攻进了北京。他的继位者是忽必烈，忽必烈统治了世上最大的帝国，版图从中国延伸到欧洲的边界，他无须万里长城即可掌控一切。

黄河的严重水患引发了人民反抗，推翻了元朝，代之而起的是明朝。明朝建造了世上最大最可观的长城，东起山海关，西迄嘉峪关，全长4000英里，多半以青砖砌成。历任皇帝在北京的紫禁城内统治着全国。1644年，李自成率领农民起义军攻陷了北京，吴三桂引领清军入关，于是，万里长城毫发无损，明朝江山即被满清侵占。

清朝对邻邦采取了不同的政策——外交。为了笼络西藏宗教领袖班禅喇嘛，满清皇帝不但在北京重建了他的宅邸，而且亲自学习西藏文。万里长城又再度沦为废墟。1793年，英国派外交远征团前往中国建立贸易关系，但因不愿行跪拜之礼而被清政府拒绝，英国人进行报复，接续而来的是中国百年的外侮与内战。

纪录片《亚洲玄秘：万里长城》画面

20世纪六十七年代“文革”期间，历史悠久的雄伟长城遭到了严重破坏。而今日长城已备受保护，成为中国的象征。

生死齐长城（2005）

《生死齐长城》是由中央电视台第 4 频道《走遍中国》栏目组 2005 年推出的电视专题片，由中央电视台摄制，淄博市委宣传部、淄博市旅游局协助拍摄，时长 25 分钟。

内容简介：

《生死齐长城》通过五位老人徒步考察齐长城的经历，从以下三个方面介绍齐长城：齐长城的由来；齐长城被误作秦长城的原因；齐长城在后世所发挥的作用。

第一部分主要是介绍齐长城的由来。齐国是春秋战国时期极其独特的国度，当其他诸侯国还在以农为主闭关锁国时，齐国却注重发展工商业，并很快发展成为当时最富庶的诸侯国，但富裕也招致了其他诸侯国的进攻。齐国人不愿意为点赏钱打仗卖命，于是，齐灵公下令将齐国西面的防水堤坝加高加宽加长，由此成功地阻挡了晋国联军的入侵。后来，齐国人根据“就地取材”的原则，又先后在东段和中段修建了长城。齐长城的修建并没有使齐国闭关锁国，而是利用关口与其他诸侯国进行商贸往来，由此而形成了齐国“不战而屈人之兵”的商战思想。

第二部分主要探讨当地群众误把齐长城当作秦长城的原因。公元前 221 年，秦国灭掉齐国之后，齐长城成为统一的累赘，大部分被拆；而由燕长城、赵长城和秦长城连接

专题片《生死齐长城》画面

起来的秦万里长城由于气势雄伟，掩盖了齐长城的光辉；再加上孟姜女故事的流传，秦长城在百姓的心目中就等同于暴虐。所以，当地百姓多把齐长城误认为是秦长城。

第三部分主要讲述齐长城在后世所发挥的价值。1869 年，曾国藩利用齐长城成功地阻挡了捻军；1942 年，八路军再次利用齐长城抗击日本人，但因弹尽粮绝，寡不敌众，守军最终为国殉难。在冷兵器时代很少派上用场的齐长城却在火器时代发挥了巨大作用。

考察队队长陆宗元由于在考察时错过了疗病的最佳时机，撰写完考察报告后即不幸辞世。由他主编的中国第一部关于齐长城的专著中提到，经初步测定：齐长城是世界上最古老的长城，总长近 1300 公里。

专题片《生死齐长城》画面

概说长城历史与保护(2006)

《概说长城历史与保护》由文物出版社、中国国家博物馆2006年摄制，时长45分钟，编导：王京。

内容简介：

在中国历史上，长城曾经是重要的军事防御体系。春秋战国时期，修筑长城开始成为各诸侯国普遍进行的重要国防建设，各诸侯国修筑的长城加起来总长度超过万里。

纪录片《概说长城历史与保护》DVD封面

公元前221年，秦始皇统一六国后，为了防御北方游牧民族的侵犯，派大将蒙恬修筑长城，蒙恬将以前秦、赵、燕国的重要城墙以及雄关要塞连接起来，修筑了西起临洮、东到辽东、全长5000多公里的长城。当时修筑长城全靠人力，没有任何机械可以借用，工程量异常巨大，据记载，秦始皇动用了近百万劳动力来完成这一浩大工程。

此后，大规模修筑长城的还有汉代和明代，历朝历代修筑长城都是遵循“因地形，用险制塞”的重要原则。凡是修筑关城隘口都要选择在两山峡谷之间，或是河流转折之处，或是平川往来必经之地，这样既能控制险要，又可节约人力和材料，以达到“一夫当关，万夫莫开”的效果。修筑城堡或烽火台也是选择在“四顾要之处”。至于修筑城墙，更是充分地利用地形，如居庸关、八达岭的长城，有的是沿着山岭的脊背修筑，有的地段从城墙外侧看上去非常险峻，内侧则甚为平缓，可收到“易守难攻”之效。

长城有的地段已被损坏，急需人们普遍树立保护长城的理念，并用实际行动来保护这项古代人民留给我们的宝贵遗产。

令人欣慰的是，2001 年 6 月 25 日，长城被国务院批准为第五批全国重点文物保护单位。

解说词选录（节选）：

这是一个存在于天地之间的地方，这是一个至少具有 5000 年文化传承的伟大国家。这个伟大的国家，有诸多令世人惊叹的辉煌历史，其中，最让人叹为观止的文明见证就是这堵横亘于崇山峻岭连绵万里的著名大墙——长城。在中国历史上，长城曾经是重要的军事防御体系。距今 2500 多年以前的春秋战国时期，在以攻城略地为目的的频繁战争中，修筑长城开始成为各诸侯国普遍进行的重要国防建设。在本片的制作过程中，我们采访了著名古建专家罗哲文先生。他说，根据历史文献记载，春秋五霸都曾经修筑长城，最早的是楚长城，还有一说是齐长城。但齐长城的修筑文献记载不是很可靠，而楚长城是有准确记载的。楚国的长城叫方城。东半部春秋时已经筑成，从今天河南鲁山西南向东经青水到今天的河南泌阳；战国时扩建西半部，从河南鲁山向西而南到今天的河南邓州市。齐国的长城从今天山东平阴东北经泰山北麓东至今天山东日照市北的黄海之滨。燕国的南长城从今河北易县西南起经河北省徐水西北沿易水和今天大青河走向东南。韩国的长城从伊阙（今天河南洛阳东南的龙门）到山西夏县西北。赵国有南北两条长城，南长城由漳水和滏阳河的堤坝连接而成，从今天河北武安县西南起，沿漳水经磁县到今天肥乡区南；北长城前后有两条，一条在今天内蒙古乌拉河以北，经狼山一带修建；一条从内蒙古乌拉克前旗向东经包头市北，沿乌拉山向东经呼和浩特北，到今天河北的张北县南。魏国的长城南起陕西华县（今华州区），越过渭水、洛水经今天的大荔、洛川等县，沿洛水东岸的堤坝北上。魏国同时又修筑了中原长城。从河南原阳西部，经阳武到河南密县东北。秦长城西起甘肃岷县，沿黄河经兰州至宁夏。战国时期，一些国家还修建了边地长城，在今天内蒙古赤峰市洪山北沿西路戛河北岸，有一段向东延伸、长约 30 公里的长城遗址，这就是当时的边地长城。根据史料记载，春秋战国时期，各诸侯国所修建长城加起来其长度超过万里。公元前 221 年，秦始皇统一六国后，以中原为主体的大规模战争结束了，秦王朝与周边民族间的矛盾也都突出起来。针对当时北方游牧民族不断的边犯干扰，秦始皇派著名将领蒙恬一面领兵戍边，一面督造了用于拒敌的万里长城。蒙恬新修筑的长城将以前秦、赵、燕国的重要城墙以及雄关要塞全部连接起来，西起临洮，横跨群山，穿越峻岭，一直绵延到辽东，全长 5000 多公里，成为秦国北部牢固的国防屏障。

长城(2006)

《长城》专题片于2006年由台湾中天摄影组拍摄，经台湾中天电视台《经典中国》栏目播出。《长城》分5卷:第一卷《辽宁篇》，第二、三卷《河北篇》，第四卷《京畿篇》，第五卷《边塞篇》。共200分钟。

内容简介：

该专题片以长城为主题，但它不同于大型电视纪录片《望长城》自然主义的拍摄手法，如实记录摄制组人员考察长城的过程，展现中国纪录片纪实主义的特征；也有别于电视专题片《长城》从长城的建造历史、用途和建筑特征、施工管理、建筑历史等方面解读长城。该专题片以地域为界限，从微观视角拍摄，呈现了辽宁、河北、京畿、边塞4个地区中长城独特而多样的风貌，以及世代流传的人物传奇与金戈铁马的故事。

第一卷《辽宁篇》。先从总体上介绍了长城的特征、修筑历史以及长城在中国历史中的地位。接下来主要介绍了位于辽宁省境内的长城遗迹风貌。主要有虎山长城、本溪孤山堡、铁岭的土龙、朝阳建平长城、宁远卫城和九门口长城。不仅讲述了这些长城古迹的军事战略地位，而且重点介绍了每一处长城古迹的独特之处，凸显出长城的不同景观。虎山长城遗迹的发现一改万里长城东起山海关老龙头的说法，使得万里长城向东延长了1000多公里。朝阳建平长城遗迹显示出长城除防御功能之外，还具有国界的功能。九门口长城更呈现出城在水上走、水在城中流的水上长城的独有特征。这些多样的长城风貌使我们对长城有了更新而且独特的认识与理解。

第二卷《河北篇》。主要介绍了位于河北省秦皇岛境内的长城三绝（滨海长城老龙头、平原长城山海关和高山长城角山关）以及小河口长城。该卷呈现了长城三绝的独特地理位置与防御体系以及传奇的修建历史，还介绍了小河口长城呈现的三路长城汇聚一山且独具女性特征的长城独特景观。以经典建筑长城为依托，讲述了戚继光、徐达、吴三桂、王三佛、孟姜女等传奇人

九门口水上长城

小河口长城的雕花图案

物与长城建筑在历史上相遇造就的动人心魄的故事。长城作为历史的见证演绎着岁月的沧桑，而秦始皇修筑长城尽头的传说，则为长城增添了独具特色的文化色彩与神秘感。

第三卷《河北篇》。展现了河北省境内长城的另一独特景观——野长城。该卷介绍了8处野长城，主要有董家口长城、城子峪长城、板厂峪长城、桃林口长城、刘家口长城、徐流口长城、冷口关长城、白羊峪长城。讲述了每一处野长城的独特风貌。这里有技艺精湛的军事设置，长城沿线绝无仅有的摩崖石刻与少数的记事碑刻，以及无数悲壮的传奇故事。原本失落在荒烟蔓草间的野长城，以其保留完整的原始风貌而呈现出长城极富生命力的残缺之美。

第四卷《京畿篇》。讲述了河北、天津、北京地区长城的精华所在与其留下的爱恨情仇，呈现了京畿地区长城的独特之处：青山关长城的雄伟与奇观，喜峰口水下长城生离死别的故事，潘家口长城的今昔对比，马兰峪长城的消失，黄崖关长城经典的八卦布局，八达岭长城的特殊地位，慕田峪长城的独秀美誉，居庸关长城独有的军事设置，以及响水湖长城的静默。这些都体现了河北、天津、北京在历史上作为许多朝代的政治中心而造就的长城的特有风貌。

第五卷《边塞篇》。介绍了山西省、陕西省、甘肃省境内的高原及戈壁地区的经典长城关隘。介绍了雁门关、宁武关、娘子关、固关、嘉峪关等长城关隘的战略地位与其奇异的边塞长城风貌。该卷还讲述

城子峪长城的库楼

了雁门关历代边关名将谱写的辉煌战绩与壮烈诗篇，娘子关平阳公主的英雄事迹，汉代因出击匈奴而造就的武威、张掖、酒泉、敦煌河西四郡和玉门关及阳关的繁华史实。

《长城》在摄像镜头中展现出的画面，不仅限于长城风景的描绘，更为重要的是，在镜语形象中展现了长城的多样风貌，以及长城的多样风貌与历史传奇故事的有机结合。该片不同于过去从总体风景、文物、历史角度解读长城的专题片，而是以历史建筑为依托，用更加理性与微观的视角透视长城，以娓娓道来的故事性语言解读长城，使长城作为历史遗存，在建筑风物、风俗、历史和文化等诸多信息的真实显示中，凸显其独特的社会历史地位和价值。

专题片《长城》(2006) 画面

改变世界的二十件大事：秦始皇兴万里长城（2006）

《改变世界的二十件大事》是美国探索频道（Discovery Channel）2006年制作播出的系列纪录片，《秦始皇兴万里长城》是第2集。语言为英语，时长25分钟。

纪录片《改变世界的二十件大事：秦始皇兴万里长城》画面

内容简介：

公元前221年，秦始皇统一了中国，自称始皇帝。为了稳固自己的统治，实行了一系列改革，如强迫北方农民定居，修筑运河和公路，统一货车大小并实行车同轨制度，如此种种以方便掌控全国的农作物、军队和商业。秦始皇的税收和劳役非常沉重，导致人民怨声载道。但是，秦始皇最大的威胁仍是外患——北方游牧民族的侵扰。北方游牧民族由于生活资料奇缺，经常越过边界对北方农民进行抢劫掠夺，北方农民苦不堪言。为了不使这些人抛弃家园成为流民，秦始皇强迫他们迁徙到人烟稀少的南方，迁徙过程中，许多人死于疾病或水土不服。秦始皇的这些暴政引起了秦国儒生的议论和反抗，为了压制异己，秦始皇采取

纪录片《改变世界的二十件大事：秦始皇兴万里长城》画面

了焚书坑儒的手段，烧了许多古书，活埋了很多儒生。

公元前214年，秦始皇派他最信任的将军蒙恬连接并扩建所有北方的边境要塞，修筑一道防御工事。修建长城的工人有30多万名，主要由农民、学者、退役士兵和战俘组成，几万人挨饿受冻劳累而死，万里长城因而有哭墙之名。太子扶苏因同情被杀害的儒生，被丞相李斯和宫中太监总管赵高以不当言论为由驱逐到长城工地监造长城。修筑好的万里长城由城墙、塔楼、烽火台等组成，是一个绝佳的通信联络系统，成功地阻挡了北方游牧民族的入侵。

为求长生不老，秦始皇服用大量丹药，导致中毒死于出巡途中。李斯和赵高矫诏害死了扶苏，胡亥即位，胡亥不久死于镇压农民的战场。秦始皇死后7年，汉朝兴起，为中国带来了和平。秦始皇开创中国一统的理念并将之实现，他建造的万里长城是秦朝最伟大的遗迹，是区隔文明世界和未开化世界的象征。

本片主要是介绍秦始皇统一中国后为方便课税实行的改革政策以及修筑万里长城的故事，对秦始皇始终持的是一种批判的态度。

万里长城(2007)

《万里长城》英文名为Great Wall Of China，是由美国国家地理频道2007年播出的两集纪录片，语言为英语。第一集为《万里长城：蒙古入侵》，第二集为《万里长城：神龙盘踞》，每集时长47分钟。

纪录片《万里长城》画面

内容简介：

《万里长城》主要讲述了汉代和明代中国建造万里长城的故事。本片使用了艺术级的电脑CGI特效，采访了考古学家和科学家以及关于这个不朽奇迹最近的一些发现，探索了长城当初的建造技术和建造背后的故事。

第一集　万里长城：蒙古入侵

纪录片《万里长城》画面

《万里长城：蒙古入侵》主要讲述汉武帝修筑长城的故事。

1907年，英国探险家兼考古学家奥维斯坦因带领车队穿越塔克拉玛干沙漠，意外发现了汉长城的始端——玉门关，他慎重地将其描述为“古中国塔楼遗址”。

奥维斯坦因在玉门关发现了一些汉代遗留的木简，上面记载着与修建长城有关的军令、指示与士兵书信，这些记录清楚地勾勒出当年的边境国防状况。

汉初，北方匈奴住在相当于今日的蒙古草原，他们屡屡入侵中原，中原不敌。屈于此，汉朝定期向匈奴进贡丝绸等贵重物品以及宗室之女来换取和平。这对汉朝来说，既是一种负担也是一种侮辱。汉武帝时期，国力强

纪录片《万里长城》画面

盛，于是对匈奴发动攻击，夺取了被侵略的鄂尔多斯地区，并占领了河西走廊与丝绸之路。为了保护新拓的疆土，汉武帝决定兴建长城。

汉朝的长城最长，全长1万余公里。兴建长城的人数已不可考，主要是士兵、受罚服苦役的百姓和无地的农民。汉代建造长城主要采用夯土技术，既缓慢又辛苦，多数人因劳累过度和饥饿寒冷而死。

中国人痛恨在长城服役，因为不但要担心匈奴掠劫，还要面对可怕的夏热冬寒天气以及贫乏的食物，尤其思乡的情切更令人难以忍受，因此越来越多的士兵弃防投奔匈奴。汉武帝的军队在公元前99年节节败退，汉朝的长城就此崩坏，如今似乎与天然景色融为一体。

第二集　万里长城：神龙盘踞

《万里长城：神龙盘踞》主要讲述明朝修筑长城的前因后果。

明仁宗时期，闭关锁国，自给自足。然而，蒙古人却迫切想与之进行贸易往来，因为蒙古人以放牧为生，寒冬无法生存，只有与中国交换米粮才能绝处逢生。而中国人把高墙以外的人视为“蛮夷”，不愿与之通商。于是，走投无路的蒙古人又开始对中国北方进行暴力掠夺。中国出兵没有把握取胜，就采取防守策略，决定修筑长城保卫都城。边防主帅翁万达带领士兵修筑

纪录片《万里长城》画面

了北京西北部的长城，一道貌似近乎完美的防线形成。然而千里之堤终有蚁穴，蒙古人集中兵力攻击防御极弱的古北口，结果轻而易举地攻破北京城。明帝被迫答应通商，但是仅开通的几个通商口，隔年便悉数关闭。此后明朝便大举兴建长城，从1550年到1644年，“石龙”诞生。

纪录片《万里长城》画面

明长城总长6000余公里，几乎耗费100年才完成，浩大的工程使国力耗损。当时的中国没有建立起连续性的供应链，北方军队生活无着落，常年的困境消磨了意志，军纪松散，加之赋税的繁重，民不聊生。1644年李自成率领农民起义军攻陷北京。同时草原强敌满族人抵达山海关城外，按兵静待时机。山海关守将吴三桂打开城门，引清军入关。中国从此改朝换代，进入满清统治时期。然而，满清却依然沿袭明朝闭关锁国的传统，马戛尔尼率领的英国贸易使团访华宣告失败，后来，这些欧洲国家用武力强迫中国开放贸易市场。

万里长城是中国闭关锁国的见证，它无法保护中国不受外敌入侵。

该纪录片，写实与评判结合，较客观地呈现了往昔历史的真实、宏大建筑的真实，是地理与历史、军事与政治、经济诸多信息的综合呈现。

世界遗产在中国：长城（2008）

《世界遗产在中国》是由中央电视台新影制作中心与北京元纯影视文化传播有限公司2008年联合出品的38集高清系列纪录片，中央电视台1套播出。是中国纪录片历史上第一次用高清技术全景式、成系列地反映被列入《世界遗产名录》的国家自然、文化遗产和人类口述非物质遗产的纪录片，可以说是一部展示中国世界遗产的百科全书。《世界遗产在中国》共33部，38集（其中有些节目是上下集）。《世界遗产在中国：长城（上）》是第35集，《世界遗产在中国：长城（下）》是第36集，每集时长30分钟。编剧：孙远峰，宗平，赵捷；导演：关晖。

内容简介：

上　集

上集以详尽的史料介绍了西周到唐朝时期修筑长城的历史。

长城诞生于公元前700多年，几乎伴随了中国封建社会发展的全过程。它是世界上

纪录片《世界遗产在中国：长城》画面

有史以来最长的一道军事防御工程，其总长度超过了5万公里。

早在公元前9世纪的西周时期，为有效地保卫国土防御外敌入侵，西周军队开始不断地修筑一种土堆，被形象地称为烽火台，这其实是一种先进实用的烽燧系统，“烽”和“燧”外观相似，功能不同：日间点燃、以烟报警的叫“燧”；夜间点燃、以火为号的叫“烽”。点燃的烽火可以在24小时内横越1000多公里，在最短的时间里向援兵发出报警信号。相传周幽王为博得美人一笑，竟下令点燃烽火，各方诸侯惊慌失措地举兵前来救援，却发现受骗了，美女褒姒虽然笑

了，但西周王朝却走到了尽头。公元前 771 年，西周灭亡，在给后世留下“烽火戏诸侯”的笑柄之后，也流传下了当时先进的防御系统——烽火台，它成为长城最早的雏形。

到春秋战国时期，各诸侯国为了划分国界和自我保护，纷纷筑高墙把自己的居住地围起来。而北方的游牧民族逐水草而居，每到旱季缺少食物时，他们就会闯入中原，掠夺粮食，中国北部各诸侯国为了阻挡他们的进攻，便开始用墙把烽火台加以连接，形成早期的长城。

公元前 221 年，秦始皇建立了秦朝，采取了一系列巩固政权的措施。公元前 214 年，

纪录片《世界遗产在中国：长城》画面

秦始皇下令拆掉原来诸侯国之间相互防范的长城，而把专门对付北方游牧民族的旧长城进行修缮连接，并增加了新的长城，最终修好了西起陇西临洮、东至辽东长达 5000 公里的“万里长城”。长城修好之后，秦始皇又派军队在长城守卫，负责长城的维护修缮工作，从而真正保证边塞安全。为解决驻军的生活问题，实行了军需屯田制度。在有“天下第一关”之称的山海关城楼十几公里外，

纪录片《世界遗产在中国：长城》画面

有一座孟姜女庙。传说，孟姜女在寻夫未得而闻知丈夫已死于修筑长城中时，凄惨的哭声竟使一大片长城倒塌了，虽然这只是传说，但有一点是真实的，那就是秦王朝失去了民心，他的强征暴敛和残酷刑罚威逼着他的子民，于是在秦始皇死后 7 年，强大的人民起义使秦王朝变得分崩离析，只有长城还留存百世。

到了汉朝，匈奴入侵的惨剧仍在发生，汉王朝在经过了 70 多年的休养生息之后，逐渐富强。到了汉武帝时期，他又下令修筑了甘肃到新疆罗布泊的烽燧屏障，这道烽燧线与历朝历代修筑的长城相连，达到了近 1 万公里，从而构成了从罗布泊到鸭绿江的历史上最长的长城。今天在玉门关还保留有易燃的“积薪”，敦煌博物馆里还留有“引火苣”等物品，从这些遗物以及汉长城的构造可以看出当时修建长城是本着“就地取材”的原则。汉长城还成为保护“丝绸之路”的屏障，成为汉朝和西域诸国交流的纽带。汉朝的发达使匈奴不得不低下傲慢的头，匈奴王派出使者向汉朝

纪录片《世界遗产在中国：长城》画面

的皇帝提亲。公元前33年，年轻美貌的王昭君承担着整个汉朝的重托万里迢迢嫁给了呼韩邪单于，从此汉匈60多年无战事，为长城两边的百姓带来了福音。

历史发展到了唐朝贞观之治时期，它是当时世界上最为文明强盛的一个朝代，强大国力的本身就是一道令人望而生畏、无法逾越的万里长城。天下太平、国泰民安，便无须一砖一瓦、一城一墙，因此，唐朝不是修不起长城，而是无须修筑长城。这种自信和底气来自一个泱泱大国的强大国力和宽广胸怀。

万里长城，因战争而生，因和平而存。

下　集

下集主要介绍的是明朝大修长城的原因和明长城的特点以及清代为何不修长城。

建于1368年的明王朝已经完全没有了唐朝的辉煌和气魄，修建长城不仅重新被提出，而且在公元15世纪中叶后发展到了登峰造极的地步。公元1449年，明朝与蒙古瓦

纪录片《世界遗产在中国：长城》画面

剌部在土木堡大战，明英宗被俘，从此明朝调整防卫策略，不敢轻易出兵而是龟缩于中原，同时为防蒙古骑兵南下，公元1568年开始大规模重建和维护长城。这次重建是中国历史上最后一次也是最大规模的一次长城修筑活动。

纪录片《世界遗产在中国：长城》画面

鼎盛时期的明长城东起鸭绿江，向西横贯九省市自治区，一直延伸到甘肃嘉峪关。明长城主要功能是防御骑兵，因地形用险制塞是修长城的基本原则。

明朝万历年间与蒙古通过议和互市，北方边境稍显安宁，东北边境的女真族成为边患的主要根源。为防范女真族进攻，边关大将戚继光亲自勘察并确定了拱卫京畿段落的长城施工方案，从山海关到居庸关的每一段长城都浸透了他的心血和汗水。其中，金山岭长城是他督造的长城中最精华的部分，他最富创造力的杰作是在长城上修建"空心敌楼"。

金山岭长城上保存有一处较完整的纵深防御体系，整个体系以库房楼的敌楼为核心，与外围三道军事防线共同构建起立体防御。库房楼西面的山梁上砌有一座南北走向的支墙，支墙上筑有两座敌楼和炮台，这是库房楼的第一道防线。库房楼外侧的半山腰上有

纪录片《世界遗产在中国：长城》画面

一道石块砌成的挡马墙，这是第二道防线。库房楼外侧靠楼脚下有战台，战台上设有密集的射孔，这是第三道防线。这三道防线组成点线面结合的立体防御工事，易守难攻。

除此之外，还有地堡式防御工事，充分表明了长城作为军事防御工程绝不是一道城墙那么简单。

明朝修建长城使用的原材料大都是砖块、石头。石头分片石、块石、条石，砖块由专门的窑烧制，在河北省板厂峪村就发现了一处明长城砖窑群。除普通砖外，还有文字砖。

筑城的方式和材料五花八门：白羊峪长城界碑以东用紫红色大理石建成，是长城中的极品；赤城独石口段长城用红色片石垒砌而成；甘肃省境内长城使用黏土混合沙粒垒砌而成；董家口一段城墙就利用天然崖壁……长城不仅仅是一道古代的军事防御工程，同时也是一处巧夺天工的文化景观。

1644年满族突破山海关直抵北京夺取了政权，明朝灭亡，清朝建立，明朝的灭亡给清代统治者很多关于长城的思考。17世纪中叶沙皇俄国不断入侵中国的黑龙江流域，康熙亲自指挥了这次战斗，在雅克萨大败敌军，1689年9月中俄签订《尼布楚条约》，划定双方边界，战事虽停边患却未彻底解决。当再一次有人提议修长城时康熙对此有完全不同的看法，他认为守国之道不在于修城而在于修得民心，民心的服帖和归顺才是扫平边患、守卫江山的真正长城。康熙通过军事威慑、和亲联姻等手段将蒙古铁骑变成沙俄南侵中国不可逾越的长城。

没有人能统计出历史上有多少士兵被派去驻守长城，士兵们守望着边疆也守望着家园。长城既看到了人类文明发展史上的光荣和辉煌，也目睹了令人难以忘怀的灾难和伤痛。

本纪录片主要是表现不同王朝修建的长城的不同风姿，画面清晰，篇幅短小但信息量较大。

解说词：

长城诞生于公元前700多年，几乎伴随了中国封建社会发展的全过程，它是世界上有史以来最长的一道军事防御工程，它蜿蜒曲折像一条巨龙，跨越崇山峻岭江河湖海，横卧在中国北方的土地上，它的总长度几经变化，全部加起来超过了5万公里。

今天，长城作为中国的象征，热情地迎接着来自世界各地的朋友，这些游客们可能并不知道，他们脚下的这些砖石其实非常年轻，真正古老的长城有着完全不同的面貌。

这是片古老的土地，日出而作、日落而归的农耕生活在这里生生不息地持续了至少近3000年的历史。

公元前11世纪，在这片以农耕为本的土地上，诞生了一个新兴的国家——西周。西周依托黄河流域而建，地处中原，国土四周分布有氐、夷、羌、戎等众多的少数民族。为有效地保卫国土，防御外敌入侵，西周军队开始不断地修筑一种土堆，这种土堆在当时有一个形象的名字——烽火台。

烽火台以夯土构筑，看似土堆，实际上却是一套先进实用的烽燧系统。烽和燧外观相似，功能不同，日间点燃，以烟报警叫燧；夜间点燃，以火为号叫烽。出土的汉代书简记载了当时峰燧系统的分布规律，烽相距平均40到50里，燧则要密集得多，只有10里左右。点燃的烽火可以在24小时内横越1000多公里，在最短的时间内向援兵发出报警信号。

西周的最后一个帝王——周幽王，为博得美人一笑，竟把烽火台当作玩物，无故燃起火光，引来四面八方的援兵如热锅上的蚂蚁乱成一团。美人笑了，周王朝的运数也到了尽头。公元前771年，西周灭亡。

在给后世留下“烽火戏诸侯”的笑柄之后，当时先进的防御系统——烽火台也流传了下来，它成为长城最早的雏形。周朝灭亡后，中国进入了四分五裂、诸侯割据的春秋战国时期，各个诸侯国居住的领地需要明确的划分，也需要自我保护，于是他们筑起一道一道的高墙，将自己的居住地围在中间。当时中国的北方居住着许多游牧民族，他们逐水草而居，没有耕地进行耕作，旱季到来为了生存，牧民们便骑上快马闯入中原地区掠夺粮食。游牧民族飘忽不定的行踪和迅疾猛烈的攻击力，总是令中原边疆的农民，甚至军队束手无策、叫苦连连。为了阻挡游牧民族的进攻，中国北部各诸侯国开始用墙把烽火台加以连接，以保卫家园，形成早期的长城。

从春秋战国各诸侯国开始修筑长城时起，长城这个伟大的军事防御体系就在华夏大地上不断重复着重建与毁坏的历史。没人知道到底有多少长城遗址散落于山川之间，静静地等候着人们发现的足迹。

他们是中国长城资源调查组的成员。从2006年4月6日开始，他们便这样带着专业的技术工具，行走在少有人涉足的山间野外，在乱石杂草中找寻不为人知的长城遗迹。

长城实在太老了，自公元前5世纪的战国时期，它便屹立在华夏大地上，无声地见证着无数王朝的兴衰成败。

公元前221年，秦始皇统一了中国，建立起中国历史上第一个统一的中央集权的封建王朝，他自称始皇帝，意味着秦王朝将成为二世三世四世，直至万世永继的铁打江山。秦始皇很清楚游弋在北方的草原民族是帝国存亡的最大边患。从公元前214年开始，他下令拆除原来诸侯国之间相互防范的长城，把原来燕、赵、秦三国专门用来对付游牧民族的旧长城进行修缮、连接，并在北部边疆的其他地方增修新的长城。7年后，一条西起陇西临洮、东到辽东长达5000公里的长城完工了，成为名副其实的万里长城。

根据史书记载，秦时参加修筑长城的军队约40万，除此之外还征用了50多万民夫，包括囚犯、贫民、女人，总人数近百万。当时秦朝约有2000万左右的人口，根据这个数据计算，每20个人中就有一个人参与了长城的修筑，可以说秦朝是动用了整个国家的人力和物力才完成了这项伟大的工程。长城修好后秦始皇还调派了20万军队进行守卫，驻军分为两种，一种是从当地直接招募，另一种则是不远万里从中原地区征调，根据秦制驻守长城的部队，除了确保边塞安全，还要负责长城的维护和修缮。为解决庞大驻军的生活需求，守卫长城的士兵被要求一面戍边、一面垦荒耕作。

公元前178年，军需屯田的制度正式在北方边郡推行，这种方式不仅解决了军队自身需要的口粮，而且还有盈余，达到一人耕作能够养活两个甚至三个人的水平，屯垦戍边生活日复一日、年复一年，很多人再也不曾重归故土。士兵们为了排解心头的寂寞和孤独，很多人都在长城脚下成家立业娶妻生子，家的存在让长城有了鲜活的生命。

秦始皇以举国之力让万里长城终于横亘在华夏大地上，他和被他消灭的六国诸侯一样试图用长城将自己的国家围起来，以城为国，将自己的敌人拒之于墙外，但伴随这一伟业而来的强征暴敛也激起了老百姓的不满和愤怒。

在有“天下第一关”之称的山海关，在距离关城十几公里外的一座小山上建有一座孟姜女庙，这座庙已经有1500多年的历史，庙里供奉的不是释迦牟尼，也不是玉皇大帝，而是孟姜女，这个普通的民间女子。庙里的古树上系满了红色的祈福带，它表达了人们对孟姜女的敬重。相传孟姜女的丈夫被官家拉去修长城，一走数年没有音信，于是孟姜女带着亲手缝制的寒衣走了上千里的路，来这里寻找自己的丈夫，可是当她赶到工地时，丈夫早已化为一堆白骨。孟姜女哭了，她的眼泪化作滔滔的河水，冲垮了长城。秦始皇修长城是要保卫国家的安全，可他绝没有想到长城可以挡住异族的骑兵却挡不住孟姜女的泪水。当然，这只是个传说，事实上失去了人心，长城修得再高也是枉然。

秦始皇死后不到七年，农民起义军便摧枯拉朽般地攻入咸阳，秦王朝的万世基业只传了一代，便在秦二世的手里彻底崩溃。

秦朝灭亡了，真正流传百世的是长城，遍体鳞伤的长城见证了秦王朝的没落，也见证了汉王朝的崛起。很多人看了北京八达岭的长城，以为长城就是这个样子。其实，长城的形态五花八门，并没有一个固定的模式。

汉长城就是这样，既不同于秦长城，也不同于后来的明长城，除了实体的墙，它还包括一条由众多烽燧组成的烽燧线，也就是说墙体和延伸的烽燧线，共同构成了与众不同的汉长城。汉朝建国之初，北方的匈奴趁着中原战乱深入长城之内达三四百公里，不断侵袭威胁着这个新生的王朝。经过70年的休养生息，汉朝国力逐渐恢复，雄才大略的汉武帝，开始一边征伐匈奴一边大规模地修筑由甘肃到新疆罗布泊的烽燧亭障，这就是留存至今的汉长城，这条烽燧线与历朝历代修筑的长城相连，总长度达1万多公里。它起始于玉门关以西的罗布泊，向东一直延伸到鸭绿江，它是历史上分布地域最广、跨度最长的长城。

汉长城在全盛时期，几乎毫不间断地穿越甘肃、内蒙古、河北、辽宁的广大地区。甘肃省玉门关保存有汉代烽燧，在这里除了烽燧之外，考古队员们还发现了一种特殊的文物——积薪。积薪就是分堆存放的、容易点燃的柴草。戈壁滩上干旱少雨，时隔2000多年，这些柴草保存依然完好。当年在此驻守的士兵提前将积薪规律地分布于烽燧附近，一旦发生敌情，他们可以迅速地将柴草放进笼筐，系在长杆上点燃，以烽烟为号通知周围的诸侯国前来救援。

除了积薪，甘肃省敦煌县博物馆内还保存着一种叫“引火苣”的文物，这种将易燃柴草捆扎成束的工具起引火的作用，士兵们就是用它来引燃笼筐中的大堆柴草。而这种巨型引火苣则是为了点燃置于高处的柴草。

沙漠里修长城只能就地取材，所以汉长城大量使用戈壁滩上取之不尽、用之不竭的黄沙、泥土和砾石，戈壁滩上丛生的芦苇、红柳和胡杨也被用作了现成的建筑材料。

随着汉武帝的东征西讨，汉朝国力日益强大，疆土从中原地区扩展到西域一带，凭借长城的保护，中原和西域乃至中亚、西亚的贸易往来日渐昌盛，沿着长城的轨迹形成了著名的丝绸之路。西来的客商把美玉、香料连同宗教、音乐源源不断地输往内地，中原的丝绸、火药、指南针也通过这条路运往世界的四面八方，这时的长城不但是保卫丝绸之路的屏障，更成了连接中原和西域友好往来的纽带。

与汉王朝对峙多年之后，一向彪悍好斗的匈奴也不得不面对和承认摆在他们面前的现实，低下了傲慢的头，匈奴王派出使者向汉朝的皇帝提亲，要和汉王朝结成儿女亲家。

公元前33年，年轻美貌的王昭君肩负着和亲的重任，万里迢迢嫁给了当时匈奴的首领呼韩邪单于。深受宠爱的王昭君被呼韩邪单于封为宁胡阏氏，意思是希望她给匈奴带来和平安定和兴旺。王昭君不负众望，在她的影响下匈奴和汉朝60多年无战事，双方一直保持着良好的关系。一个弱小的女子用她的美丽、善良和智慧，休兵罢战，化干戈为玉帛，为长城两边的百姓带来了半个多世纪的和平与安宁。王昭君的墓，被人们称为“青冢”。它寄托着后人对昭君的思念，也记录下一段万里和亲、昭君出塞的千古佳话。

公元7世纪初，李唐王朝建立，唐太宗李世民开创的贞观之治，奠定了唐帝国近三百年的宏伟基业。唐朝不仅是东方，而且是当时世界上最为文明强盛的国家，他们以更加开明的姿态把眼光投向了长城之外。强大国力的本身就是一道令人望而生畏、难以逾越的万里长城。

天下太平、国泰民安，便无须一砖一瓦、一城一墙，因此唐朝不是修不起长城，而是无须修筑长城，这种自信和底气，来自一个泱泱大国强盛的国力和宽广的胸怀。

万里长城因战争而生、因和平而终，今天它在废弃了军事作用之后，成为一个文化的符号和和平非战的象征。

长城老了，但它的历史和故事，还远没有结束。

建立于公元 1368 年的明王朝，已经完全没有了唐朝的辉煌和气魄，修建长城不仅重新被提上了议事日程，而且在公元 15 世纪中叶后，发展到了登峰造极的地步。

明朝建国之初，被推翻的元朝残余势力退回到塞北却依然保持着强大的军事实力，时常侵扰边地、掠夺边民。为此，明朝开始对长城进行了断续的维护和修缮。这次重修长城的工程，包括了山海关，这座成为万里长城形象代表的重要关城，由明朝大将军徐达亲自选址并建造完成。

随着草原上蒙古各部落军事实力日益增强，明朝北部边防压力变得越来越大。公元 1449 年，蒙古瓦剌也先部再次进攻明朝，明英宗朱祁镇率领 50 万大军北出居庸关御驾亲征。

居庸关——万里长城上最负盛名的雄关之一，自古就是北京西北的重要屏障。朱元璋灭元之后，元顺帝虽然被赶出了大都，但仍想卷土重来收复失地，居庸关是他南下的必经之路。明英宗统率的大军，在一个叫作土木堡的地方，与瓦剌也先部相遇，明军惨败，明英宗被俘，数十万明朝军队全军覆没。土木堡之败成为明朝历史的转折点，从此明朝开始调整防卫策略，再也不敢轻易出兵，而是选择龟缩于中原。

公元 1568 年，在镇守边关的将领蓟辽总兵戚继光的建议下，明朝开始大规模重建和维修长城。日益羸弱的明王朝希望以长城为屏障，遏阻剽悍勇猛的蒙古骑兵南下，这次重建成为中国历史上最后也是最大规模的一次长城修筑。鼎盛时期的明长城东起鸭绿江，横贯今天辽宁、河北、天津、北京、内蒙古、山西、陕西、宁夏、甘肃等九省市自治区，一直延伸到甘肃嘉峪关。

大规模重建、维修长城，势必需要大批士兵。一块来自于一次无意的发现的石碑上能够依稀辨认出这样几个字：湖广人包继怀、文楚槐。包继怀、文楚槐是当时驻守长城官兵的姓名，湖广则是他们的祖籍。明朝通过严格的国家兵役制度，把这些人强制北迁，以便重建和驻守长城。驻军除了负责重建还要负责辖区内长城的维修，为了便于管理，筑城工程分为若干个标段，各有管辖、分工负责，这便是设立在不同标段间的界碑。

在中国历代长城中，明长城的工程最为坚固，军事防御功能也最为完善，从一开始长城的主要功能就是着眼于对骑兵的防御，到了明朝依然如此。因此，因地形用险制塞是修建长城的基本原则。因地形要求这道用人工垒城的办法构筑起的雄伟的军事防御工程，在山地要踞于峰峦之脊、在平原要扼守要冲之地。用险制塞的险，包括了险要的地形和险恶的生存环境，除了依山傍水利用天然险阻修墙筑城、抵御强敌外，还可以依托长城控制水源、绿洲和交通要道、隘口，使来犯之敌因为得不到补给而被迫放弃进攻。

明万历年间，蒙古族俺答部与明王朝议和互市，北方边境稍安。此时，东北边境处的女真族成为明边患的主要根源。为了防范女真族的进攻，更多的人力物力被投入到长城的重建和维修上。边关大将蓟辽总兵戚继光亲自勘查和确定了拱卫京畿段落的施工方案。从山海关到居庸关，600多公里长的长城段落上，每一处都留下了他的足迹，浸透了他的心血和汗水。

金山岭是戚继光督造的长城中最精华的一段，修筑得坚固厚实，以完备的军事设施、精巧的建筑设计、险要的山地形势著称于世。戚继光最富创造力的杰作便是在长城上修建“空心敌楼”，这是金山岭长城最有代表性的一座敌楼建筑。敌楼为砖石结构，南北宽9.7米，东西长10.5米，通高9米。敌楼墙体内用石块、土、白灰混筑，楼内地面铺方砖，东西各有一个拱门，四面一共11个箭窗，楼梯设在东面，楼上是砖结构堡垒式掩体，通称库房楼。金山岭短短10.5公里的长城沿线上建有67座空心敌楼，这些敌楼的修建，巩固并强化了长城的防御功能。

很多人只知道长城是世界上最长最大的军事防御工程，但是对长城的防御体系到底有什么特点却是雾里看花，若明若暗。其实长城从诞生的那天起，就不是一道孤立的城墙，除了烽燧、城堡等设施外，在重要的防守地段还以城墙为支撑点，构筑起纵深防御工事。金山岭长城上就保存着一处较为完整的纵深防御体系，只是它被杂草树木所掩盖，被人们遗漏。

整个防御体系以这个叫库房楼的敌楼为核心，外围包括三道军事防线，共同构建起立体防御：

库房楼西面的一座山梁上，砌有一道南北走向的高大城墙叫支墙，支墙上筑有两座高大的敌楼和用来施放火炮的炮台。库房楼左右两侧200多米远的山头上，各筑了一个圆形瞭望台，可以及时观察远方的敌情。支墙与库房楼相通，遇到攻击，防御者不但可以利用支墙进行机动，还可以对入侵之敌形成腹背夹攻合击之势。这道支墙使长城摆脱了一线式防御的被动，成为敌楼的第一道防线。

在库房楼外侧大约50多米远的半山腰上，有一道用石块砌成，长200多米、高2米的挡马墙，它可以阻挡敌人骑兵的冲击，这是库房楼的第二道防线。

在库房楼外侧紧靠楼脚下，有一个长15米、高2米的半圆形战台，战台上设有密集的射孔，这是库房楼的第三道防线。

这种点、线、面相结合的立体防御工事易守难攻。

经过无数个日夜的跋涉，勘探队员们手拿先进的定位仪器和侦测工具，终于有了令人激动的新发现。

河北省抚宁县北部，这三座地堡式防御工事，从未见于文献资料以及历史调查记述，队员们这次发现填补了长城防御设施类型的空白，这一防御设施的发现充分证明长城作为世界上有史以来最长的军事防御工程，绝不仅仅是一道城墙那么简单。

从某种意义上说长城就是一座砖石砌成的保护墙。

明朝修筑长城使用的原材料大多是砖块和石头。石头分为片石、块石、条石，层层堆积之后再往上砌砖；砖块则由专门的窑洞烧制，当年烧制长城砖的窑有些还完好地保存在乡间。河北省板厂峪村就发现了一处明长城砖窑群，根据考古挖掘和探测，专家发现这片农田下埋藏了66个明长城砖窑。挖掘工作结束之后，为了便于保护，绝大多部分砖窑进行了回填，只有两个留在外面供人们参观。这样的窑一窑产砖量在5000块左右，修筑一米长城需要一窑砖，如果加上墩台和关城，则需要大概一窑半砖。明长城东部长1500公里，以此为例计算下来需要200多万窑120亿块砖。除了普通的长城砖，山海关的罗城的城墙上还保存有大量文字砖，这些青灰色的砖质地坚固厚重，侧面模印有凹陷的阴文，虽然经过风化，很多字迹变得模糊，但是仔细辨认还是能够看出其中的一些文字。

万历十二年，也就是公元1584年，滦州是砖块的生产地，从这可以看出当年筑城的大多数人都是当地的驻军。砖石是修筑长城的主要用材，却不是唯一用材，长城墙体在建造过程中依据因地制宜的原则，采用了五花八门的构筑材料和形式：

白羊峪长城界碑以东则是使用紫红色大理石，形成了罕见的大理石长城。这段大理石长城是第一次亮相荧屏，堪称长城家族中的极品；

赤城独石口段的山上，还保存了一段长达1公里多由红色片石垒砌而成的长城，石片间没有使用任何粘接的材料，完全依靠巧夺天工的垒砌工艺修筑而成；

甘肃省境内保存的明长城，很大一部分就是用黏土混合沙砾垒砌而成；

位于甘肃省野麻湾的这段明长城，因为北方干旱少雨历经数百年而不毁、绵延不绝，令人啧啧称奇；

位于董家口的这段长城，就利用了天然崖壁。光滑的墙面兀立陡峭，一夫当关，万夫莫开……

长城不仅仅是一道古代的军事防御工程，同时也是一处巧夺天工的文化景观。

明朝在长城的修建上，费尽了心机，但遗憾的是牢固的城墙并没能阻挡住满清入关的铁骑。1644年4月24日，满族将领多尔衮率领15万清军直扑长城九门口，突破山海关，直逼北京，夺取了政权。明朝的最后一个皇帝朱由检绝望之余吊死在皇宫后面的景山上。明朝亡国的教训让入住紫禁城的新主人产生了太多的疑惑：

长城真的能阻挡外敌的入侵吗?

那些冰冷的砖石、泥土真的能保护黎民百姓不受侵犯吗?

17世纪中叶，野心勃勃的沙皇俄国不断

派兵侵入中国的黑龙江流域，企图霸占原本属于中国的领土。雄才大略的康熙皇帝亲自决策指挥了反击俄国侵略者的战斗，在雅克萨大败敌军，沙皇政府被迫议和。

1689年9月，中俄双方代表签订了《尼布楚条约》，划定了两国之间的边界，战事虽停，边患未绝。

1691年，驻守古北口总兵向朝廷提议，为防止沙俄卷土重来，应拨款维修加固长城。没想到康熙皇帝对这个问题有着完全不同的看法。他认为扫平边患意在守国，但是守国之道不在于修长城，而在于修得民心。应该说康熙皇帝确实是一个富于远见卓识的政治家和战略家，在修长城和修民心之间，他选择了修民心。在康熙的眼里，民心的服帖和归顺才是扫平边患、护卫江山的真正的长城。长城可以不修、边患却不能不防，为了彻底解除沙皇俄国骚扰中国北部边境的隐患，康熙皇帝通过军事威慑、和亲联姻、经济援助和宗教传播等手段，将北方草原上凶猛剽悍的蒙古铁骑变成了沙俄南侵中国不可逾越的长城。

没人能够统计出来历史上到底有多少士兵被派去驻守长城，士兵们守望着边疆，也守望着远方的家园。守望被时光凝固，风化成永恒的雕塑。

长城历经数千年烽火的洗礼，在见证了人类文明发展史上辉煌和光荣的同时，也目睹了令后世难以忘怀的灾难和伤痛。

今天，当战火硝烟终于散去，长城依然在群山之巅飞奔腾跃，那种气势犹如远古传来的一声长啸，电光火石中带着撬动天地的力量，这就是长城的歌。

中国的世界遗产：长城（2008）

《中国的世界遗产》由五洲传播中心摄制、视点文化传播有限公司出品。它集合了中国各个相关领域的专家，以国际化的视角，对中国的自然文化和人类口述非物质遗产进行了一次最具权威性、系统性、科学性的介绍与诠释，是中国纪录片史上制作时间跨度最长、制作规模最宏大的一次创作活动。共34集，《长城》是第6集，于2008年播出，时长17分钟。总编导：孙良刚。

内容简介：

长城，是世界上最长的军事设施，不仅被当作古老中国的象征，还被称为人类历史上的一个奇迹。

中国最古老的长城建造于公元前7世纪，用来抵挡北方匈奴的抢掠。

公元前220年，中国第一位皇帝秦始皇决定把以前的长城连接起来，并修建新的长城。历时十几年，终于建成了西起甘肃临洮、东几乎到达朝鲜境内、总长度超过6000公里的长城。

从秦代以后，中国又有8个朝代修建了长城。

汉武帝时期，为防匈奴人卷土重来，同时，也为了保护丝绸之路的安全，又大力修建长城。

明朝是中国历史上最后一个大规模修建长城的朝代。明长城东起山海关，西至嘉峪关，全长5130公里。从山海关到居庸关是明长城中最重要的一段，由蓟镇总兵戚继光负责修建。明长城中重要的段落有天下第一关——山海关，有中国最早修复并对外开放的八达岭长城，有最险峻的司马台长城，等等。

千古长城（2009）

《千古长城》是中央电视台第10套《探索·发现》栏目于2009年3月7日首播的纪录片，由中央电视台科教节目制作中心摄制。时长42分钟。编导：郝荣。

纪录片《千古长城》画面

内容简介：

该纪录片以寻找最古老的长城历程为线索，分别介绍了以下几处各具特色的长城：杀虎口长城，老牛湾长城，金界壕长城，白道岭长城，赵长城。

杀虎口长城位于山西右玉县杀虎口附近的山梁上，这段长城有别于其他段的雄伟壮观，它是被当地百姓叫作“土龙”的夯土堆。这段长城是典型的葫芦形复线墙体。葫芦形复线墙体是指在同一山体出现两条长城，靠下边的长城修建在山脚下，靠上边的长城修建在山脊上，两者相交于一个敌台上。葫芦形复线长城所处的杀虎口自古便是雄关要隘。迁都北京的明成祖朱棣，着力加强北方的边防，把杀虎口作为军事防御体系的重镇。内蒙古西部地区流行的民间二人台小戏《走西口》，就是源于今杀虎口之名。

长城在冷兵器时代发挥了卓有成效的防御作用。沿山脊建造的用土石垒筑的城墙足以抵挡外敌的进攻；附近的城堡关隘用于屯兵储粮；矗立在城墙内外的烽燧则随时传递敌军的战况。唐杜佑《通典》上说：“烽台，于高山四顾险要之处置之，无山亦于孤回平地置。”说明修建烽台应在高山之上，或孤旷的地方，四面都便于观看得到。这其中最为典型的是老牛湾长城段，它处于山体与黄

纪录片《千古长城》画面

河的交集处、四面悬崖的山巅上，地势非常险要。老牛湾堡北面的望河楼是一个烽火台，烽火台呈梯形，门设在高处，由梯子登上去，上面是一个瞭望塔。

阴山段的金界壕长城是北方的金人修建，兴建于公元12世纪。多建在平原丘陵地带比较平缓的地方，挖土成壕，土堆成墙，外面是壕、里面是土质夯砌而成的墙，主要功用是防备蒙古骑兵。不高的土墙虽然缺乏威慑，但能够阻挡战马的驰骋。

阴山腹地的河谷古称为“白道”，地势险要，处在两山夹一沟的环境当中，自古以来就是兵家必争之地。这儿的长城基本沿山脊来构筑，有一套完整的军事防御体系，而不单单是一面墙。其水土流失比较严重，长城基本上属于灭失状态。

根据历史记载和现存遗迹，战国时期的赵长城是目前最古老的长城。勘察者继续在阴山南麓寻找赵长城，最终找到了那一段最古老的赵长城。但因为此地是两山夹一沟，水土流失比较严重，所以只遗存一些貌似长城的夯土堆。

万里长城的兴衰(2009)

《万里长城的兴衰》是由美国探索频道(Discovery Channel)2009年10月11日播出的纪录片,语言为英语,时长90分钟。

纪录片《万里长城的兴衰》画面

内容简介:

纪录片《万里长城的兴衰》主要讲述明朝杰出的将领戚继光如何修筑长城以抵御蒙古人的进攻。此纪录片的最大特色是靠演员的表演来讲述故事,并且,巧妙地穿插了一些研究人员的调查、走访和考证。

故事发生在即公元1550年,当时,明朝的首都北京是全世界最富庶、最进步的城市,但是,却被蒙古十万骑兵攻破。

蒙古人攻击北京的目的是要求进行互市贸易,嘉靖皇帝为了获得暂时的安宁勉强答应。罗宾叶慈认为,中国最富庶的朝代之所以没有像样的国防,是因为百姓对财富感兴趣,重经商而轻军事,谁都不想当兵。

纪录片《万里长城的兴衰》画面

纪录片《万里长城的兴衰》画面

蒙古人作战迅猛，来去如风。戚继光想主动攻击蒙古，并拟想出驱逐蒙古人的十大战略，却遭到了皇帝和大臣的反对。直到内阁首辅张居正政治受挫，才考虑采纳戚继光的建议。为了证实戚继光的领导才能，张居正先派戚继光去南方抗倭。戚继光训练了一支约3000人的戚家军，军队作战勇敢，纪律严明，多次打败倭寇的侵扰。后来被派去对付蒙古人。戚继光认为要想打败蒙古人，最好的办法是建设集士兵的堡垒、仓库、军械库、炮台、烽火台和掩护设施于一身的万里长城。这项中国历史上野心最大的工程，要耗费大量的资源和财政收入，因此反对的声音层出不穷。但隆庆皇帝考虑到此举或能永远解除蒙古人的威胁，批准了戚继光的建议。

戚继光利用戚家军建造长城。由于军情紧急，人手紧张，建造长城的辛苦程度是难以形容的，这些士兵要面对营养不良、疲惫和疾病等的考验。有些人累死或病死，另外一些人因绝望而触犯了军纪，但戚继光并没有惩罚这些士兵，而是允许他们把家眷接来，安心建设长城。到了1575年，长城的雏形完成。除此之外，戚继光还引进了大炮作为长城防卫系统的一部分。当蒙古人再次来袭时，戚继光依靠长城打了一场漂亮的胜仗。事实证明，长城是成功的防御设施。此后的一段时间，长城带来了和平，导致明朝农业兴盛，人口增加。戚继光继续向朝廷要求经费建设长城，众多大臣认为没有必要，戚继光只好求助于张居正为他筹钱，这为他们的政敌提供了口实，于是他们不断地攻击戚继光和张居正，认为两人有联合谋反的嫌疑，后来，张居正在政敌的攻击中死去，戚继光也被免职。戚继光死后50多年，明王朝濒临崩溃的边缘，1644年，明朝守军打开山海关城门迎接清军入关，长城丧失了其抵御功能。明朝结束了，长城的工程也随之完结。

长城不仅是一座建筑，而且是一种精神，它象征着力量、历史、文化及未来。

中国七大奇观：万里长城(2010)

2010年，美国探索频道(Discovery Channel)播出了《中国七大奇观》纪录片，这七大奇观分别是兵马俑、金龙峡悬空寺、万里长城、乐山大佛、武当山、石宝寨古刹和紫禁城。《万里长城》是其中的第3集，时长45分钟，语言为英语。

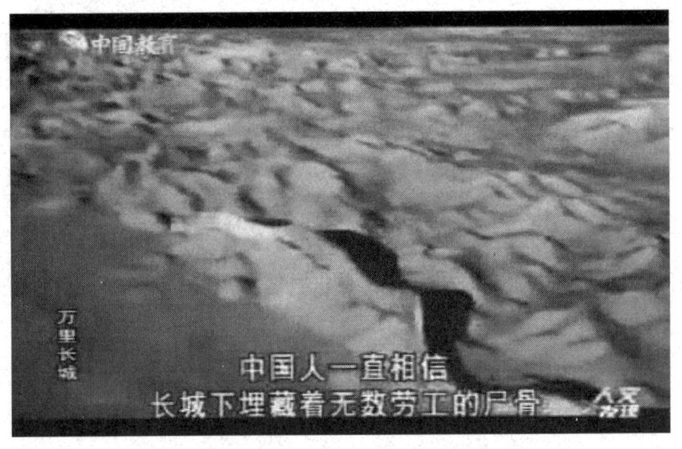

纪录片《中国七大奇观：万里长城》画面

内容简介：

《中国七大奇观：万里长城》主要讲述秦朝、汉朝、明朝修筑长城的过程，修筑中发生的故事，以及修筑方法的一些发明改进。

第一部分主要讲述秦朝修筑长城及其给人民带来的苦难。公元前221年，秦始皇统一中国，为了阻挡北方骠骑的进攻和掠夺，下令蒙恬修筑长城。修筑的方式十分缓慢和原始——夯土成“石”，为了尽快地完成工事，秦始皇动用全国的人力，成千上万的人由于工作过于艰辛而毙命。民间至今仍流传有孟姜女哭长城的故事。孟姜女心爱的夫婿万杞良被拉到长城做苦工，饥寒交迫的她历尽艰辛寻夫到了长城脚下，可是万杞良已死。由于过于悲痛，孟姜女发出凄厉的哭喊，震垮了数里长城，孟姜女亦投海自尽。如今，万里长城起点附近筑有孟姜女庙，就是为了纪念她的这种抗暴精神。

修筑长城牺牲了百万民工的性命，因此，一直流传有长城里掩埋工人尸骨的传说。为此，本片中特意邀请专家进行前所未有的实

纪录片《中国七大奇观：万里长城》画面

验来检验这个传说。他们利用穿土技术在秦始皇修建的一段长城内寻找人类尸骸。用地磁仪穿透古夯土，测量土的密度，然后用电脑将测得的数据转换成长城透视图，不同密度以不同颜色显示，这样轻易就能找出实心物体，不过有个问题，夯土的密度近似骨头。于是，这个传言迄今还是一个谜团。

第二部分讲述汉朝对长城的修建。秦朝修建长城耗费大量民力物力，激起民怨，人民揭竿而起，推翻了秦的统治。汉朝登上历史舞台，匈奴非常猖獗，汉朝的统治者没有能力与敌人抗衡，只好采取怀柔政策积蓄实力。直到汉武帝时才有实力讨伐匈奴。准备进攻匈奴时，汉武帝加强了防御工事，他命令工程师重建秦始皇修的长城，这任务在平原很简单，只需将泥土夯成紧实的土墙，但

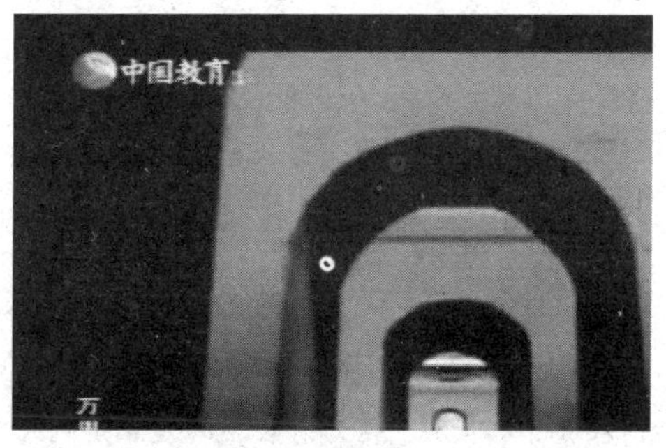

纪录片《中国七大奇观：万里长城》画面

在戈壁就完全不同了，某些地方没有泥土只有沙砾，无法将沙砾打成实墙，只要施压就会瓦解，从遥远东方运来成吨的泥土也不可行。工程师想出新法：无法往上盖的地方就往下挖，挖出绵延数里的水道与壕沟，阻挡匈奴前进。为了掌握敌人的行踪，早期预警系统烽火台开始出现。碎沙砾无法建造高烽火台，工程师就采用芦苇强化砂砾搭建烽火台，非常坚固。为了保护丝绸之路，汉武帝还建造了玉门关，建材就是由蒙古往南吹的软黏土，这项挑战将古代夯土建筑技术推向极致。汉武帝修建了600多英里的城墙保护丝路，重击匈奴30年，使匈奴元气大伤。

第三部分讲述明朝对长城的修建。明朝时期，蒙古人经常侵扰边境，为了防御蒙古人，明朝不惜人力财力和时间大修长城，因此，修建了中国史上最精巧、最长、最坚固的边界防御城墙。明朝最杰出人物戚继光认为增加城墙上的人员配置可以增强防卫实力，于是，他设计了塔楼上的密室和房间，并发明了用砖头建造长城。古北口长城和山海关长城的修建体现了戚继光非同寻常的智慧。另外，明朝还发明了用灰泥黏结砖头以及杀伤力较强的十字弓。除此之外，还建造了固若金汤的天下第一雄关——嘉峪关。嘉峪关的建筑非常独特，一是堡垒中有堡垒，守兵可得到双重保护；二是任何进入城堡的人必须穿越由城门、通道、塔楼及围墙组成的慑人迷宫；三是在墙面上铺上多层于烈日下暴晒制作的密实砖块使城墙异常坚固，并且在城墙上开了箭孔。至此，长城的防卫功

能更为有效。但是，如此精密的防御体系却因山海关守将吴三桂的叛变而被满清攻破。

修筑长城使中国的兵法和防御科学更为精进，但是，也付出了惨痛的代价。长城，象征了中国人求生的决心。

该片选取历史上的秦、汉、明三大节点作为讲述的主干，重点突出，内容集中，翔实可信。

解说词（节选）：

数百年前，一股骇人的威胁危及世界，游牧骠骑大举从中亚挺进，一路从欧洲烧杀掳掠到日本，他们的名字依旧让人联想到死亡与蹂躏，蒙古、塔塔尔、匈奴，他们势如破竹，却又必须阻挡他们的攻势。为了拯救古老的帝国，中国工程师必须创造奇迹，他们办到了，建造出世界上最伟大的军事防御工程。

这里是杀戮区，这里将成为炼狱。

中国令人生畏的屏障，困住并歼灭由北方来犯的可怕入侵者。中国的万里长城，地球上工程最浩大的建筑。一千个关隘，一万个瞭望台，伫立在险恶的地形上，遍布在干涸的沙漠，几近垂直断崖，深入峡谷，甚至水中。万里长城远远胜过西方的建筑成就，包括埃及人建造的大金字塔。这个成就极为伟大，却也是无尽苦难换来的，长城的建造牺牲了成千上万的人命。他们被逼成奴，在史上最残酷的暴政统治下，工作至死。建造长城牺牲的人物可说不计其数。

万里长城是人类最了不起的一项丰功伟业。但它究竟留了什么给后人？是天才的纪念碑？还是悲剧的证明？

出片名：建筑奇观 Great Wall 万里长城

北京，2005年，电眼在中国各地，逐步揭露出空前的影像，首张古代奇观的完整照片出炉了。中国万里长城。其实长城是经历十几个世纪，不同朝代修筑的许多段城墙。这是史上野心最大的建筑工程，它是世上最让人着迷的遗迹，传说也最多。

字幕：事实还是虚构

有人说长城的建材量足以环绕地球，但长城的长度一般估计是1万里，等同从迈阿密到北极的距离，这只是个伟大的传说吗？

我们必须记住中国修筑了许多长城，如果全部加起来的话长度将延伸超过5万公里，也就是35000英里。

地球赤道的周长是25000英里，约等于4万公里。因此这不是传说，建材量还绰绰有余。也有人说，在月球上可以用肉眼看见长城，这是真的吗？

字幕：事实还是虚构

中国太空人在2003年，首次进入太空。

他理所当然被问到这个问题，我以为他会以国为傲，回答看到长城横越祖国，没想到他的回答是否定的。

在地球上，地理学家威廉·林德赛比任何人都了解长城，他沿着长城的起点走到终点，对他来说，取名万里长城还不够贴切。

我认为万里长城是世上最著名的建筑物，人们梦想到中国来在长城上漫步30分钟或1小时。

有些人能想象长城往西直线延伸2000公里，往东3000公里，但是蜿蜒曲折的距离就不得而知了。

我认为这是长城的奇妙之处，它是世上最著名，也是所知最少的建筑物。

但我们目前对它的了解却是惊人的，一个2000年前开始的故事，一个男人只手建立了中国。

秦始皇是中国第一位皇帝，他登上王位之时，各国已经交战250年，他终于击败最后一个敌人，建立了第一个统一帝国。中国之所以称为中国，是源于秦始皇的名字。

但是中国想要屹立不倒，秦始皇就必须面对另一个棘手的挑战，在北方边界肆意掠夺的骠骑，这个敌人的出击神出鬼没，然后消失在沙漠与群山之间。中国第一位皇帝想出一个异常简单的解决之道，但是极其大胆，他要建立一面巨大城墙，阻止骑兵南下。他把这不可能的任务交给一个跟他同样无情的人——蒙恬将军。

这项挑战令人惊愕，以极快的速度沿着北边国境建设防御工程，建造方式必须简单又便宜。幸好中国人对此已非常熟练，农人至今仍沿用相同的技术，将泥土填进框架内夯打直到坚硬如石头。如延时录影带显示的，这是耗费体力又极其缓慢的工作，就算投入全村的人力，45分钟后，墙才增高2英寸，合5厘米而已。对秦始皇来说，答案很明显，只有召集前所未有的庞大人力，才能建造一道跨越全中国的城墙，对如此强势无情的暴君来说，人力不是问题，士兵赶来成千上万的农民，驱赶他们长途跋涉至北方工作直到倒下为止。

中国人民从未忘记他们的苦难，化为孟姜女的故事流传千古。秦始皇的军队从他怀中强行带走深爱的夫婿，将他拉到长城做苦工，饥寒交迫的她在中国辽阔的土地上四处寻夫，最后来到长城下。

“大人，您见到我丈夫了吗？他叫万杞良。”“在那边。”“那边？谢谢。”

她找到丈夫时已经太迟，他早已精疲力竭而死，传说孟姜女因为过于悲痛，发出凄厉的哭喊，凄厉的哭喊震垮了数里长城，但孟姜女的苦难还没有结束，为了抗议秦始皇残酷无道，她投海自尽，最终溺死。2000多年后，这位少妇及其他受害者的苦难，依旧萦绕在中国人的心中，在万里长城的起点附近，海边有座庙，纪念她的精神长存。令人忆起史上野心最大的工程所牺牲的众多人命。可能多达百万工人为此送命，数千年来，中国人相信长城里埋有数万名工人的尸骨，这也是长城的另一个传说吗？

字幕：事实还是虚构

每个人的看法不同。

我认为是个传说，古代中国人有许多处理工人死尸的方法，他们过去会把尸体投入井中，将无头尸埋在临近工地的墓场里。但是这一段长城结构紧密，压得如此密实，我认为在此处掩埋尸体是自找麻烦。

贺双泉：甘肃境内的长城行经许多偏僻处，目前发现里头埋有陶器碎片与动物骨头，还没有发现人类的骨骸。我相信总有一天能找到的。以后很可能会发现的。

我们要求专家进行前所未有的尝试，检验这个传说，他们将利用穿土技术在秦始皇修建的一段长城内寻找人类尸骸。

地磁仪穿透古夯土，测量土的密度，电脑将测得的数据转换成长城透视图，不同密度以不同颜色显示，轻易就能找出实心物体，不过有个问题，夯土的密度近似骨头。

假设里边真的有尸体，要如何辨认呢?

钟健：据我所知，到目前为止，还没有侦测骨头的可靠方法，但如果有一堆尸体，就看得出来，磁特征会很不一样，但单一尸体就很难发现了。

这一回，地磁仪没有找出人类残骸，现在就放弃这引人的传说言之过早。还有数千里长城可以探索，这是个未解的谜团。

专家都认为秦始皇建造的长城，给人民带来了极大的苦难，它也无法保护人民不受蛮族入侵。

捍卫长城最大的挑战，就是要找到积极且充足的人力，一般来说，当地人是被征召的，此外还有许多选择，可招募囚犯、佣兵及其他蛮族，但长城的驻兵及补给品常常不足，造成士气低落，许多地方被弃守，留下极大的防卫缺口。

游牧民族从那些缺口长驱直入，中国老百姓的安全堪忧。

秦始皇在公元前210年突然驾崩，人民决定推翻秦朝。

你可以想象全国人民心中的不满，因为那没完没了的苦工，众多人民被迫兴建长城，最后暴乱四起，有些由贵族领军，有些是农民揭竿起义，他们在首都会师，秦二世被杀，秦朝因此灭亡。

另一名死者是蒙恬将军，他自杀身亡，自称死有余辜,他建的长城是违背大自然的罪行。

秦朝立国不到20年，但是其工程遗产屹立不摇2000多年。不久后一个野心更大的王朝将长城筑至世界的边缘，让它从防御战略变成帝国的武器。

长城于2000多年前开始兴建，当时中国的第一位皇帝下令将军们阻挡蛮族入侵，他们立起横跨数百里的夯土屏障，一项庞大的任务牺牲数千名奴工的性命，但更艰难的工作还在后面，中国西方的戈壁，一个世界上最严峻的地方，要建造人类史上最大的建筑物，即使以现今的技术，在这无情之地建造长城也是一项挑战，在2000多年前似乎是不可能的任务,但中国面临灭亡的危险。在古代，凶猛的骑兵成群穿越沙漠，掠夺北中国，他们的名字令欧洲及亚洲闻风丧胆，他们是匈奴。

当匈奴来到秦始皇付出极高代价兴建的长城边，发现几乎无人防守，于是他们绕过长城，更糟糕的是，中国已经改朝换代，由汉朝统治。汉朝皇帝没有把握能与北方的敌人对抗，更别提偏远的戈壁地区了，于是他们采取怀柔政策。

怀柔政策包括和亲、进贡与贸易关系，以及其他温和手段，减轻匈奴的威胁，也就是用贿赂来收买匈奴，争取时间让中国培养势力。

公元前140年，中国的转机来临，一个完全不同性格的人登上皇位，汉武帝决心讨伐并歼灭匈奴。汉武帝尚武，训练有素的骑兵将领熟悉游牧民族的作战方式，并且能将战役拉到大草原上。准备进攻匈奴的同时，汉武帝加强了防御工事，他命令工程师重建秦始皇的长城，这任务很简单，只需将泥土夯成紧实的土墙，但戈壁就完全不同了，某些地方没有泥土只有沙砾，谁也无法将沙砾打成实墙，只要施压就会瓦解。2000年前，从遥远东方运来成吨的泥土并不可行。汉武帝的工程师必须另寻他法，他们办到了，方法出奇的简单，无法往上盖的地方就往下挖，挖出绵延数里的水道与壕沟，阻挡匈奴前进。但是要保卫边疆，中国人必须要掌握敌人难以捉摸的行踪，他们需要早期预警系统，一连串横跨戈壁的烽火台，但是只用碎沙砾，要如何建造30英尺高的烽火台？原来他们还有更坚固的材料。

汉武帝的工程师发现，只要用层层芦苇强化沙砾，就不会瓦解，今日的工程师仍沿用相同的技巧，但用的不是芦苇，他们用称为钢筋的金属条强化混凝土建筑。

烽火传递信息的速度比信差骑马快多了。焚烧狼烟能产生又高又直的狼烟，狼烟的颜色与多寡能区别敌人是一小支突击部队，或是大军来犯。多年来，汉朝工程师的芦苇搭叠技术更臻完美。他们兴建长城深入戈壁，这些曾经威风的城垛，受到大漠狂沙的吹袭，只剩下原来的三分之一，但是20个世纪后，这些城墙依然很壮观。

主动讨伐敌人的汉武帝迫使匈奴退出北疆，改变了世界历史，史上第一次，商队可以安全往返亚洲与西方，沿着传说中的丝路一直到罗马。

但是匈奴掠夺者从未远去，汉武帝知道他必须保护丝路上的重要绿洲，他得在荒地上建造一座堡垒，玉门关成了中国通往西域的新要道，汉武帝的工程师必须建造足以抵挡敌人的堡垒，唯一的建材就是由蒙古往南吹的软黏土，这项挑战将古代夯土建筑技术推向极致，利用随风飘扬的尘土，他们建造出比成人高5倍的堡垒，坚固之程度在2000年后仍能守住玉门关，仍能与沙漠、风和时间搏斗。

今日的玉门关只剩下中央堡垒，当它刚建好时，这座中国最新的前哨可是相当的先进。作为防御的第一线，中国人发明了巧妙的警报系统，城墙外的沟渠填满了细沙，夜探堡垒的人会留下明显的足迹，汉武帝修建了600多英里的城墙保护丝路，他的军队重击匈奴30年，使匈奴元气大伤。

1000多年后，更凶猛的敌人挥军来到长城边，但这是长城中最坚固的一段，一个军事工程上的杰作，也是世界上最强大的防御工程。

2000年前，汉朝工程师遇上了一个难以克服的挑战，要兴建一条长城，横跨世上最严苛的沙漠，保卫国家防堵大肆劫掠的匈奴，保护行走于著名丝路的商队，但数百年后，13世纪时，成吉思汗带领可怕的大军从中亚出兵，建立一个版图延伸至欧洲的帝国，蒙古击败汉族政权统治中国达100年，一直到明朝兴起，将蒙古人逐出边境。

当时是1368年，明朝上下都不想再看到蒙古人。

于是他们着手修建明长城，这段长城也成为中国史上最精巧、最长、最坚固的边界防御城墙，明朝人也决定不择手段，不论用多少人力、金钱与时间，也要确保不再受到侵扰。但就如同前朝一样，明朝皇帝没有足够的兵力击溃剽悍的游牧民族，他们只能阻止蒙古人入侵，即使如此，也是困难重重的挑战。

新建的皇城北京似乎有良好的天然屏障，因为皇城和北方大草原之间隔着群山，但一连串的隘口切穿这些山脉，对蒙古骠骑而言，这些是大自然造就出的直捣明朝首都的捷径。为了拯救皇城与王朝，明朝必须在各个隘口设防，不像前朝，他们没有把如此重要的工作留给奴隶，而是交给了最优秀的工程师与士兵，其中最优秀的将领是戚继光将军。

明朝最杰出的人物就是戚继光。他是古皇城北京北方军区的指挥官，他常年在外征战，他看到修建长城投注的努力，但他不认为这能保证良好的战绩，于是他提出增加城墙上的人员配置，因此需要住宿设备，塔楼上的密室、房间就是出自他的设计，还有几乎全用砖头建造的概念，也是出自于他。建造者有砖头才能实践这些设计，让长城的防卫更有效。

明朝的戚继光的确是个长城专家。

这可能是戚继光遇到的最大的挑战，一个名为古北口的地方，500年前的古北口，是北京防线中最弱的一环，敌人可从这个关口直入皇城的中心，骠骑可借由此路径轻松入侵，它是防御者的噩梦。于是戚继光决定将这个入侵点改造成杀戮区。

首先他沿着长城北边山头建造了一连串烽火台，工程师接着扩建长城，穿越山谷挡住骑兵攻击，巨大的城门可让水流经过，将入侵者挡在外面，想要渗透入关，就会被困在侧面的山谷里，任由守兵宰杀。

有各种说法认为长城可强化一名士兵的力量，5～13倍不等，只要防卫系统得当，他们的威力会大增。

这套防卫系统的关键在于一个古兵法策略，据守高地，也就是中国最长的城墙要建在至为苛严的环境中，比如司马台，古北口附近的刀刃形山脊，山脊宽度仅能勉强行走，几乎无法有任何建筑，只能惊叹他们办到了。

像这样一块明朝的砖块，约有13公斤，约合25.27磅，要把砖块运到施工处，是相当费力的工作，我还没试过把砖头搬上山，我想这是分辨难易度的唯一方法，走吧。

没有后勤记录详细记下筑墙的基本原理，如建材的搬运，是否利用动物或者是杠杆原理，看来唯一的解释是，他们当时认为日后不会有人有任何兴趣想知道平凡的边境城墙是如何建造的。

终于搬上来一块砖头，超过 5 分钟。

但山间通道不是中国唯一的防御弱点，北京东边的海岸有一处超过 6 英里宽的狭长平原，是最适合骑兵长驱直入的地区，是一条入侵捷径，也是戚继光将军的另一项挑战，此处的防御要从水线下开始，否则入侵者大可绕道而行。他的办法是延伸长城在山海关这里入海 60 多英尺，这么大的建筑，坐落在天然礁石与巨大的厚石板上，一如戚继光新建城墙的其他关键设计，山海关也利用联结式系统，长城东边的尽头由五个碉堡组合而成，一道道的墙、大门及防御工程，形成密不透风的屏障，横越从东北进入中原的入口，人称天下第一关。

明朝工程师采掘当地的石材，强化现有的墙面，同时用来支撑新墙。山海关的采石业今日依然盛行，比较理想的做法是统一砖块的尺寸，再加上灰泥，不过灰泥的色泽却衍生出一种毛骨悚然的传说。

字幕：是事实还是虚构

自古以来人们相信，明朝长城砖块间的灰泥是用人骨做成的，因此呈白色，事实上，白色是烧石灰也就是石灰石的颜色，但它的确含有另一种不同寻常的材料，不过绝对不是人骨。

对中国人来说，这个秘密材料寻常得很，御用工程师发现，米的淀粉含量很高，有助于灰泥牢牢地附着在砖头上。数百年后，这匪夷所思的混合物强度显而易见，长城受到风雨磨损之处，灰泥比砖头更持久。坚固的明朝长城，保护如山海关这些城镇的代代子民，但戚继光将军深知不能只靠砖头与灰泥的保护，守护长城的卫兵以及他们持有的武器也同等重要，坚固堡垒、精良的士兵，及强力武器的致命组合，是防守者的优势。

中国人也有连发多弩十字弓，可以在一分钟内连发好几支箭，他们也有较大的弓弩，射程可达 1000 码(1 码 =3 英尺)，甚至更远，据说可以一次解决六个人跟他们的坐骑。

杨福喜跟家族历代男性一样，都是弓箭师傅，他遵循古法制作十字弓，就跟守卫长城对抗蒙古人的祖先一样，大草原的游牧民族制造不出复杂的扳机机制，因此中国人在军备竞赛上领先了一步，十字弓相当于现在的 AK47 型步枪，具有短程杀伤力，又能快速重装弓箭。这种半自动型弓能在 20 秒内发射十支箭，城墙或城市的标准防御一次需要二三百万支箭，你可以想象所需产量有多大，游牧民族在武器方面总是处于下风。

他们主要依赖弓箭和轻型十字弓，中国拥有各式武器，一旦火药发明后，还有兵工厂制造炸药。

拥有制高点、视野清楚的优势，他们可说是百发百中。

戚继光将军思虑周密，他的手下守住每一处高地，所有防线联成一体，一个哨岗的驻军可以保护另一个哨岗的同僚，如果敌军爬上城墙，防守的驻兵可以步步抵抗，他设计的防御网只有一个目的，将敌军引进射击区，让手下将其歼灭。长城修建完毕，成为军事要塞，换来数十年的和平，见真章的时刻终于到了，敌军来犯，出乎意料，万里长城完全出乎敌人的想象。

这里是杀戮区，这里将成为炼狱。

好了吗，开炮。

飞箭及炮弹从城墙上落下，山谷下有更多奇招，有地雷、土雷及铁刺使战马瘫痪。

拥有坚不可摧的防御工程与惊人的火力，明朝应该很安全。但万万没有想到，不用一兵一卒，就能攻下最坚固的要塞。

从 14 到 15 世纪间，明朝扩建并更新长城城墙，保护北京不受蒙古的掠夺。这是史上最精密的防御体系，自信京城不会受到威胁，明朝皇帝转而处理另一个问题。明朝遥远的西方边境，长城在此没入最荒凉的沙漠，财宝、丝绸与香料沿着著名的丝路往返东西方，商队付重税给官吏，却又成为游牧盗匪手到擒来的猎物。他们用重金换来最强大的保障，也就是山脉与沙漠间建造新的防御堡垒，地点就选在嘉峪关。嘉峪关的堡垒必须坚固异常，在这孤立的地方，受困的驻军在援军抵达前可能需要死守数周，工程师必须想办法从沙砾中变出一座堡垒。他们建造出军事工程上的杰作，堡垒中的堡垒，守兵得到双重保护，对入侵者来说是双重挑战，任何进入城堡的人必须穿越由城门、通道、塔楼，及围墙组成的摄人迷宫，一个迷惑敌军的中国谜题，难怪明朝皇帝称它为天下第一雄关。没有人攻克此处，试都没试过，因为要付出太大的代价了。就连观光客都能在城垛上射中目标，专业军人对入侵者更是手到擒来，但嘉峪关想要固若金汤，光是巧妙的设计还不够，前朝在沙漠中建造巨墙，就地取材，使用泥土沙砾和芦苇，但到了 15 世纪，明朝与敌人的战争用的是杀伤力更强的武器，比如世上最早期的大炮，因此嘉峪关需要比黏土沙砾更坚固的东西。堡垒建筑师再次以聪明而简单的方法解决了这个困难。他们仍然用当地的黏土和沙砾筑墙，但在墙面上铺上多层于烈日下暴晒制作的密实砖块，并且在城墙上开了箭孔，驱走入侵者。

嘉峪关是一大骄傲，但它仍然孤立在西方边境，远离其他驻兵，除非镇守的大将能发出信号求救。敌人仍然可以攻下它威胁西部。解决之道就在飘扬的风中。

明朝军事让烽火系统更加完美，驻守嘉峪关的将领，可在一天内将信息送到 1200 英里外的北京。17 世纪初的长城最是固若金汤，但大力兴建长城的明朝却开始瓦解。

明朝陷入一片混乱，不久后，朝内便无人回应前线关隘的求援。

17 世纪初期，长城已是世界上最坚固的防御体系，面对蒙古入侵的重大威胁，明朝各代皇帝投入 200 多年的时间，强化北方边境防御。他们用砖块强化土墙，抵挡炮弹与发射器，配给士兵当时最具杀伤力的武器，长城应该能保持明朝国运不衰，但伟大的防御工程却有个致命的弱点，一个各朝皇帝都没有想到的弱点。

城墙一个主要的问题，就是经常受到颠覆而失守，游牧民族利诱任何愿意叛变的人，并且保证不杀投降者。

山海关位于渤海，这片宽阔的沿海平原，一直是骑兵强取豪夺的致富捷径，戚继光将军筑起牢不可破的屏障，解决了这个问题，但明朝此时的气数已尽，为了修建长城课征重税，导致农民起而反抗，北方称为满族的部落挥军南下入侵海岸地区。当大军来到山海关，强大的防御堡垒挡住了他们的攻势，关内人则静观其变，守将吴三桂的一个决策改变了中国的历史，他敞开大门与满人联手镇压起义的百姓，世上最牢不可破的堡垒遭到了弃守，不久他们将被人遗忘。当地血腥的历史掺杂了神话与传说。

但中国人知道，长城的许多悲情都是痛苦的真实故事，无数祖先为长城流血流汗。中国人将长城视为国家的象征，努力地保存它，机器可取代古代某些苦差事，但工程之浩大令人震惊。

山海关有四个城楼，唯一保存良好的是东门——天下第一关，目前重建中的是西门，需要 50 人 7 个月的时间才能完成修复工作，光是我们的保护区仅仅 1.5 平方公里就需要花上 2.5 亿美元。

黏土填塞的城墙需要更久的时间修复，因为没有捷径可走，唯一之道就是依古法修补。

因为修长城无法使用机械，泥土是干的，无法堆叠，因此我们使用的是自古传承下来的方法，当然材料不贵，只是泥土而已，但是人工很贵，因为所有的土都需要人工背上去。

横跨北中国的防御城墙，它的规模让世界上其他建筑物相形见绌，遍布于各种地势，从海里头，跨越崎岖的山脊，深入无情的沙漠，长城修建者面对无尽的挑战，并以巧妙的方法克服困难。

长城是卓越的建筑，证明了人类的成就与组织力，有能力号召众人，不论他们是自愿还是被迫，更远远超过西方这方面的成就，包括埃及建造大金字塔的能力。

修建更坚固的长城是必要的，因为这不是持续十年或百年的冲突，而是长期充满暴力的文化冲突。

驱逐强敌的 2000 年历史，中国人在兵法与防御科学上更为精进，他们改良的许多技术仍然应用在今日的建筑上，但他们付出惨痛的代价，所承受的痛苦是我们无法理解的。

要说长城有何意义，它象征的是中国求生的决心，而且不惜一切代价。

中华文明: 长城内外(2010)

纪录片《中华文明：长城内外》片头

2010年中央电视台推出大型历史纪录片《中华文明》，由中国中央电视台、国家文物局联合摄制。总顾问：李铁映；出品人：赵化勇，单霁翔；总策划：张长明，高峰；总监制：袁正明，董保华，张宁；总导演：陈建军；解说：苏扬；制片人：陈建军，乔斌。总共10集，每集46分钟。第一集：曙光初照，第二集：青铜时代，第三集：礼乐颂歌，第四集：理性光辉，第五集：长城内外，第六集：七彩长虹，第七集：厚德载物，第八集：星河灿烂，第九集：天工物华，第十集：和合大地。各集分别体现出每个时代不同的人文主题，全部画面素材采用35毫米电影胶片拍摄，按照时间的纵向顺序，起始于5000年前的新石器时代，结束在鸦片战争之前，以考古依据、遗址和文物为有力佐证，真实清晰地展示中华民族文明演进的伟大历程，映射出炎黄子孙自强不息与厚德载物的民族精神。《长城内外》是第5集。

内容简介：

《中华文明：长城内外》主要讲述了公元前221年，秦始皇统一中国，成为千古一帝。到汉武帝时代，以汉民族为主体的统一的多民族国家得到空前巩固，汉文化的主流形态基本形成。中国开始以文明和富强的政治实体和文化实体闻名于世。在大一统的国家里，各民族的创造力得到充分发挥，共同造就了秦汉大一统文明，其辉煌的成就，一直是东方文明的骄傲。

解说词(节选):

秦人的祖先居住在权丘，位于今天甘肃省和陕西省的交界处。后来秦将都城迁移到雍城，即今天的陕西省凤翔县，秦是在西部偏远地区成长壮大起来的。春秋时期，东方的诸侯们认为秦是不懂礼乐教化的戎狄，实际上并非如此。伴随着对周人礼乐文明的向往，秦人的宗庙里也悬挂着大型的青铜礼乐器。雍城秦公一号大墓是目前所知的春秋时期最大型的墓葬。大墓中出土的石磬铭文记载，他们是黄帝的后代，属于华夏族。

秦国真正强大起来是在秦孝公任命卫鞅变法后，这一年是公元前356年。卫鞅在秦国实行变法后，贵族们世袭的特权被废除了，所有的赏罚都是以军功来决定的，极大地鼓舞了想建功立业的平民百姓。以重农的政策来发展国家经济也是卫鞅变法的根本思想之一。秦律中规定，损坏借用的公物是要按价赔偿的，唯独借用的铁农具因破旧不堪无法使用时，只需要写出书面报告即可免除赔偿。在秦公一号大墓中就出土有多件铁铲和铁削，说明早在公元前5世纪中叶秦国的农民就在使用铁农具。鼓励农民垦荒耕种，使得秦的粮食总产量与人口迅速增长。由于粮食富足，秦国在全国各地到处设置粮仓，首都咸阳的一个粮仓就可装10万石粮食，相当于300多万公斤。

秦孝公把商地的15个邑封给了卫鞅，它位于今天陕西省丹凤县，从此卫鞅又叫商鞅。至今这些厚厚的夯土层中还能见到带“商”字的瓦当。在卫鞅的主持下，秦国将国都迁移到了咸阳。咸阳城建在关中平原中心地带的黄土台塬上，前有泾水与渭水的交汇，背依大片沃野良田，最终成为统一后的中国封建王朝第一座都城。

秦国在商鞅变法后的100多年的时间里迅速成为战国群雄中最为强大的国家，秦国的军队更是英勇无敌，威震四方。公元前221年，秦王嬴政终于结束了国家长期分裂的局面，建立起中国历史上第一个中央集权的封建帝国——秦王朝，他自称为“始皇帝”。这个始皇帝所统治的疆域已经广达300多万平方公里，是当时世界上最大的国家。面对统一后的空前的大帝国，究竟如何统治和管理呢?群臣们纷纷提出建议。

最终，秦王朝废除了西周以来分封诸侯的制度，把全国分成36个郡，郡下设县，县下设乡和里，郡的最高行政长官为郡守，所有的地方主要军政官员都由中央直接任命，但官职不是世袭的，他们随时都有可能被提升或罢免，这种政治制度成为后世王朝的典范，最后演变成近代以来的省县制，大一统的中央集权性质的国家制度从此建立起来。

由于疆域辽阔，少数民族在全国分布的地域范围很广，黄河与长江流域的中上游以及长城以北的少数民族非常多。从长江下游到今天的广东、福建一带有百越人，云贵川一带有西南夷，广西也有很多少数民族。西汉时在少数民族聚居区设置的县叫作道，就是民族自治县，这个制度也是从秦朝开始的。

战国时期，各国都有自己的货币，形状、大小、轻重和单位都各不相同，全国统一后，秦王朝规定废除六国旧币，以原秦币为基础统一制定新的货币。与此同时，秦王朝还规定统一度量衡，以原秦国的度量衡为基础，向全国颁行新的统一的度量衡制度和标准器。在考古出土的一些秦权和量器上，人们发现刻有这一诏书的全文。在交通上，实行车同轨，轨宽六尺，便于在大道上行驶。汉字原本同源，在商和西周时期有了很大的发展和进步，到了春秋战国时期由于诸侯割据，因国别和地域的差异，往往一个字会有不同的写法，秦王朝规定以秦国的字体小篆作为全国通用文字，文字的统一在构筑中华民族共同体这个伟大的历史过程中起了巨大的作用。

强大的秦帝国虽然远离了我们2000多年，但今天的考古工作者在不断地为我们展示它曾经有过的辉煌。被称为秦咸阳宫第一号的建筑遗址就是一处由夯土筑起的三层高台建筑，经过电脑复原后十分雄伟。在宫殿遗址内不仅出土了巨大的雕刻着龙形图案的空心砖，还发现了迄今中国古代最早的宫殿建筑壁画。

1974的春天，关中平原发生了严重的旱情，陕西省临潼县的一群农民挖了一个5米深的水井，然而，那没有渗出一滴水的水井却通往了2000多年前的神奇世界。一个伟大的序幕拉开了，即将上演的是20世纪最为壮观的考古发现。

经过两年多的钻探、试掘，到1976年时，人们发现这里是中国第一个皇帝秦始皇陵园中的一处大型兵马俑陪葬坑。目前已发掘的秦始皇陪葬坑中的兵马俑有步兵、车兵和骑兵，指挥这支军队的，是那些打扮得与众不同的将军们，他们的等级区别在于穿的铠甲。有件将军俑，他身上的花穗显示出他的军衔，他手中的利剑支撑起他那厚重的身躯，也许他正在猜测，谁将会首先向这个地下王国发起挑战呢？

目前已经探明的三个陶俑坑中，有陶制的兵马俑近8000件，木质的战车140多乘。商鞅变法后，秦国的军权高度集中，50人以上的军队调动完全根据皇帝的命令。调动的凭证就是“虎符”，它一半在皇帝处，另一半在大将手中，两半合在一起才可调动军队。公元前215年，大将蒙恬率军30万挺进北方，控制了阴山山脉西段及其山南的广阔平原。为了巩固国家的北部疆域，蒙恬将军主持修筑了我国历史上最大的军事防御工程——长城！

秦王朝修筑的长城西起临洮，即今天的甘肃岷县；东至辽东郡内，长达5000多公里，是名副其实的万里长城。经过秦、汉和历代王朝的修筑，长城被称为世界奇迹，已经成为中华民族开拓进取精神的象征。

伟大的创造并不仅仅是万里长城，就在长城开工没多久，秦王朝又修筑了一条通往北部地区的“直道”。“直道”是比喻路线笔直，它南起云阳，即今天陕西省淳化县，北抵九原，即今天内蒙古自治区包头附近，一半的路程修筑在崇山峻岭中，一半修筑在沙漠和草原上，长达700多公里，是当时世界上最长的国家公路。这么巨大的工程，仅仅在两年半中就全程通车，这不能不说是历史上的奇迹。

公元前220年，秦王朝的丞相李斯主持修建了一条从咸阳通往河北、山东和长江中下游地区的“驰道”，是世界上最早建成的国家级高速公路。“驰道”是指飞速奔驰的国道。秦始皇统一中国后，曾5次大规模巡游天下，其中3次就是沿着驰道出函谷关，然后抵达东方和南方。

公元前210年的夏天，秦始皇在巡游途中病死，终年50岁。秦始皇所建立的大一统国家成为他不朽的丰碑。

秦时明月汉时关，长城内外是故乡，秦汉时代陆续修筑的长城，被当作中原农耕社会的北部屏障，曾经起到缓冲北方各游牧群落袭扰的作用，但这并不牢靠。到了汉初，长城依然没有挡住塞外骑兵的马蹄。“安得猛士兮守四方”，汉高祖刘邦对他刚刚建立的汉王朝既满怀期待也忧心忡忡，因为他的王朝还远没有摆脱来自北方的威胁。就在这一年，刘邦在长安城的皇宫未央宫刚刚建成。

汉长安城遗址。始建于公元前202年，那一年正是汉朝的开国纪元，刘邦将国都选定在渭水南岸，取名长安。然而，这座大都市并不安全，来自北方草原的骑兵经常突入长城，其前锋部队甚至进逼到长安附近。当时的汉朝还相当虚弱，没有能力与强大的北方游牧群落正面对抗。公元前198年的冬天，历史上有记载的第一位负有“和亲”使命的汉朝公主离开都城长安，远嫁匈奴单于。这种和平外交国策为国家赢得了休养生息的时间。

在史称“文景之治”的40年间，汉文帝和汉景帝父子真正实施了轻徭薄赋的国策，农民的田税实收仅三十税一，也就是3%多一点。民生复苏，国家开始变得富强起来。汉景帝刘启，史称“文景之治”的一位好皇帝，他的陵墓被称为汉阳陵。汉景帝是汉朝历史上最节俭的皇帝之一，然而在他的陵墓中竟也聚集着大量的财富。不少汉代皇陵的周围都有数量惊人的陪葬坑，仅在这个面积超过10平方公里的阳陵陵区中，陪葬坑就有157座。

从20世纪90年代起，考古工作者对阳陵的部分陪葬坑进行了发掘、清理，其结果令世人震惊，仿佛整个物质世界在这里汇聚。从真实的粮食、车马、牲畜到陶俑，男仆女佣，骑士卫兵，猪狗牛羊，应有尽有。所有这些，都象征着财富和美满。为数众多的男女俑引人瞩目，他们或许就是象征着皇帝生前的禁军、侍卫和侍女。这些陶俑在下葬时应该都穿着丝绸衣服或皮质的铠甲，尽管衣物大多已经腐朽，还是不难想象他们昔日的风采。汉代妇女服饰有款有型，线条自然流畅，淑女们举止安详，内心却流露出由衷的喜悦。人们已经注意到了，秦兵马俑都是毫无表情的冷面将士，而这些汉俑，个个面部表情放松，似乎对生活很满足。

马匹在古代战争中所起的作用不亚于现在的坦克，汉文帝开始创办国家马政事业，到汉景帝末年大见成效，朝廷开设在西北地区的36所马苑已储备30万匹战马，汉朝终于建立起强大的骑兵部队，成为日后汉武帝积极防御的主要打击力量。汉武帝曾经两次从中国西北地区寻求优良马种，一次是在敦煌附近得到了一种称为神马的好马，另一次由李广利将军率领大军西征大宛，得到汗血宝马，之后汉武帝非常高兴，专门作了一首《西极天马歌》表示庆祝和纪念，就这样“天马西来”成为一种文化符号，成为汉朝开拓疆域、联通东西的壮阔雄心的象征。

在都城长安附近的关中平原上，突起了11座西汉皇陵，东西逶迤50多公里，其中最高大的一座是汉武帝的茂陵，是仅次于秦始皇陵园的最大的陵墓之一，这些看似小山丘的陵墓2000多年来无声地述说着西汉王朝的辉煌。

公元前140年，汉武帝登位，继承了一个继“文景之治”而日趋强盛的国家，汉武帝几乎从一开始就不能容忍他的王朝面对攻击的被动和软弱。汉朝建国100多年来，由于经常受到北方游牧部族军事力量的压迫和骚扰，对黄河流域的农耕经济造成严重的破坏，使汉王朝的政治地图北面总是残缺破损和移动变化。随着国力强盛，汉朝决心扭转这种局面以维护国家疆域的稳定。汉武帝把秦始皇创建、汉高祖刘邦承继下来的帝国体制进一步强化、完善，使大汉帝国尽显威仪，并且走向了顶峰。刘邦期待的“猛士”终于出现了。

公元前119年，汉武帝命卫青、霍去病率军出征，与北方游牧群落进行决定最终胜负的漠北会战，两路大军出塞千里之外，分别在今日蒙古国境内的杭爱山南和乌兰巴托以东大获全胜，霍去病的部队甚至追击其残部远至呼伦湖和贝加尔湖。至此，秦始皇建立起来的大一统国家到了汉武帝时代才算真正巩固下来。

战败后的北方游牧群落分裂成南北两部分，其中南部的一支开始与汉王朝和解，并长期保持亲善，汉朝也在西北边陲设立了朔方郡和五原郡。那时候，长安城里很多新建的房屋都镶上了一种刻有“千秋万岁，汉并天下”字样的瓦当，满街望去，都是一片令人昂扬振奋的口号，犹如我们今天的节日标语。

汉朝所称的西域主要是指今天的新疆维吾尔自治区。在西域的绿洲上共有大小36个国家，最大的国家有8万人，最小的仅有600多人。公元前139年，张骞出使西域，历尽艰辛，13年后返回长安。在给汉武帝的报告中，张骞建议推动与西域各国的贸易往来，并维护这条中西交通大道的安全。汉武帝采纳了他的建议，“丝绸之路”正式被纳入汉朝国家的经济和安全战略选择。张骞的报告中有今天的伊朗和印度以及西亚各国，随后，汉朝也获得了当时中国丝绸出口最西面的目的地罗马帝国的消息。

汉军击败匈奴，河西走廊被打通之后，西域36国归顺汉朝，汉朝开始在轮台等地驻军屯田，并设立西域都护府，对西域各国进行有效的控制，它们彼此之间的纷争也平息下来，一个和平与发展的盛世出现在西汉中叶。张骞通西域，史称“张骞凿空”，东西方的文化与经济交流随之展开，丝绸之路的繁华景象经魏、晋、隋、唐并一直持续到了元朝。

“丝绸之路”的起点是长安，到了西汉中叶，这座都城几经扩建，规模空前宏大，宫殿群占全城面积的三分之一，此外另有160多个居民小区，汉时称“里”。市场是城市生活的必需，长安城内有所谓“九市”，都设在由政府管理的东市和西市，这种城市内一切贸易都在官方指定的市场内进行的制度一直延续到唐代末年。汉朝的长安已经非常繁华、富有，街道宽阔，行人如梭，商业十分发达。汉武帝即位6年时全国人口已经达到3700万，长安城里有25万人，若连同其都城的卫星城七座陵邑，则人口超过了100万，与罗马并称为古代世界东西方两大都会。

乐舞百戏是汉代市井文化的主要载体和形式，融入多种外来艺术成分的乐舞和杂耍颇得豪门大户青睐。而民间则盛行说唱表演。汉代财富之丰盛令人难以想象，文献中记载着许多关于皇帝经常赏赐大量黄金的事例。从汉初到汉武帝即位的70多年间，国家政治安定，没有遭遇严重的自然灾害，财政年年盈余，民间也是人给家足。这时的大汉王朝一派歌舞升平、国泰民安的盛世景象。它不仅是人口最多，也是当时世界上最富裕的国家。

在长安城未央宫中的天禄阁里收藏着许多图书、档案，司马迁可能就是在这里开始了他的历史研究。公元前98年，他完成了中国第一部纪传体通史《太史公书》，即后世所称的《史记》。这部列为"二十四史"之首的巨著将中国历史从遥远的黄帝时代说起，直至汉武帝太初年间这段西汉百年历史。总结秦汉以来的历史经验，为汉朝的长治久安创建政治理论和社会理想是那个时代许多文人学者的共同抱负。因为华夏民族的国家观念在这一百年间发生了根本性的调整和更新，这个漫长的一体化进程始于汉代，延续至今，源远流长。

这是一个追求国家理想的时代，是华夏民族共同体逐渐建立并最终形成的时代。汉代的知识分子身体力行地传播汉文化的种子，确立从文字、法律、伦理道德直至风俗习惯的一整套汉文化规范，并融合各民族的智慧求同存异，共同形成了中华文明的伟大传统。但是，地广民众，前所未有，接踵而来的问题是以什么样的观念、理想来治理这个空前庞大的新国家呢？汉武帝采纳了董仲舒的建议，"罢黜百家，独尊儒术"，中国人延续了2000年的"尊孔"从此开始了。

汉朝留给后世的最大遗产是一整套国家理想的创新与实践。从刘邦到汉武帝之前政治主导思想是黄老思想，它的特点是无为而后有为。随着国家政治军事的强大和经济文化的发达，汉武帝要变无为到有为。对历史传说中以黄帝为首的五帝崇拜代表着汉朝国家官方意识形态的核心，是天下赖以千秋万代的根基，它标志着以汉族为主体，各民族相互融合的中华民族开始形成。

公元前110年，在五岳之首的泰山出现了一个有史以来最为壮观的场面，汉武帝率领数万随从浩浩荡荡地从长安来到泰山，举行封禅大典。一个统一的多民族国家得到空前的巩固，中华民族以一种全新的姿态出现在人类文明的历史舞台上。

秦王朝开创的华夏民族大一统的国家伟业到了汉武帝时代，完成了从地理空间到精神空间的整合与凝聚，正是这个伟大而充满凝聚力的民族共同体，承载着中华文明古往今来的生生不息。2000多年来的中国历尽沧桑，也曾战乱分裂，但是不管危机多么深重，由秦汉帝国开创的这一民族共同体总是能够重新走上统一、安定的大道，重现蓬勃生机。

中国的世界遗产：长城（2011）

《中国的世界遗产》是2011年由浙江长城纪实文化传播公司出品的105集电视系列纪录片，每集10分钟。《长城》是第三、四、五、六集，时长共40分钟。

内容简介：

第三集

长城，是人类文明史上最伟大的工程，也是世界上修建时间最长、工程量最大的一项古代防御工程。几百年前，就被列为中古世界七大奇迹之一。

现存的长城东起鸭绿江、西止嘉峪关，总长度约6700公里，因此成为世界上最长的军事建筑。

长城始建于春秋战国时期。最早建筑的是楚国，随后，齐、燕、魏、赵、秦等国都开始修筑长城，史料上称这时的长城为先秦长城。

中国第一位皇帝秦始皇，把各国长城连接起来，西起临洮、东至辽东，绵延万余里，史称万里长城。

汉代，继续修建长城，全长近1万公里。

明代，又筑起了一条西起甘肃嘉峪关、东到辽东虎山，全长6350公里的长城。

前前后后，共有20多个诸侯国和封建王朝参与长城的修筑，所以，长城有“上下两千年，纵横十万里”的美誉。

在布局上，遵循“因地形，用险制塞”的原则；在建筑材料和建筑结构上，遵循“就地取材，因材施用”的原则。

第四集

长城是由城墙、敌楼、关城、墩堡、营所、卫所、镇城、烽火台等多种防御工事组成的一个完整的防御工程体系。

长城的主体工程是绵延万里的高大城墙。

长城在重要道口、山口、山海交接处设立关城，关城是长城防线上最为集中的防御据点。重要的有山海关、居庸关、嘉峪关、玉门关、阳关等。

长城上每隔一段距离设有敌楼，平常用于存放武器粮食并供士兵居住，战时用作掩体。

烽火台是长城防御工程中最重要的组成部分之一，主要用来传递军情，白天燃烟，夜间举火。

第五集

秦始皇创造了万里长城，之后，汉、晋、北魏、东魏、西魏、北齐、北周、隋、宋、辽、金、明等多个朝代修筑过长城。

明代是秦代之后第二个大兴土木修建长城的朝代。清代，长城却受到了怠慢。新中国成立以来，长城的文化价值被瞩目和认可。长城的文化价值，除了建筑艺术之外，还有诗词歌赋、民间文学、戏曲说唱等。代表性的有边塞诗派、孟姜女哭长城的传说等。

第六集

长城的意义已远远超过了防御外敌的本意，它是中华民族古老历史的见证人。

经过精心修复，山海关、居庸关、八达岭、司马台、慕田峪、嘉峪关等处已成为驰名中外的旅游胜地。

八达岭长城因四通八达而得名，是万里长城的精华，建筑得特别坚固，保存得也最为完好。

居庸关是著名古关城，是太行山八大关隘之一，是通向蒙古高原的交通咽喉。它的名气很大，早在金代就被列为燕京八景之一，《淮南子》称之为天下九塞之一。

1987年，长城被列入“世界遗产名录”。

大秦王朝：修筑万里长城（2011）

《中国十大王朝》是2011年由浙江长城纪实文化传播公司出品的100集电视系列纪录片。讲述了大秦王朝、大汉王朝、大唐贞观王朝、大唐开元王朝、大宋王朝、大元王朝、大明王朝、大清康熙王朝、大清雍正王朝、

纪录片《大秦王朝：修筑万里长城》画面

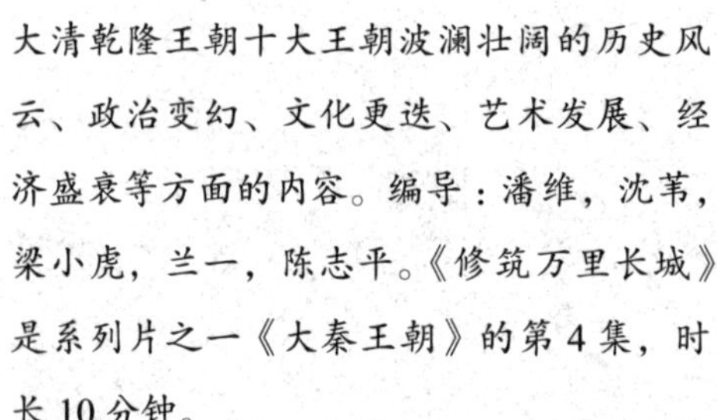
大清乾隆王朝十大王朝波澜壮阔的历史风云、政治变幻、文化更迭、艺术发展、经济盛衰等方面的内容。编导：潘维，沈苇，梁小虎，兰一，陈志平。《修筑万里长城》是系列片之一《大秦王朝》的第4集，时长10分钟。

内容简介：

秦始皇三十三年，即公元前214年，为防御北方匈奴的侵扰，秦始皇派大将蒙恬将战国时期秦国、赵国、燕国的北边长城加以修补，筑成了一道西起临洮、北傍阴山、东至辽宁的万里长城。

秦长城大多由土筑或石砌而成，整个工程由关隘、城墙、城台、烽燧四部分组成。充分利用山河自然之险，根据地形走势筑城。

秦始皇修长城几乎动用了全国的人力物力，可谓劳民伤财。孟姜女传说就表达了古代劳动人民对秦始皇大兴土木、滥用人力的愤怒和控诉。修筑长城虽然使许多人付出了生命的代价，但对巩固国家统一、防御匈奴侵扰确实起到了不可替代的作用。

长城不仅是人类建筑史上的伟大奇迹，而且成为中华民族伟大精神的象征。

纪录片《大秦王朝：修筑万里长城》画面

巅峰的荣耀：西方人眼中的东方巨龙（2011）

《西方人眼中的东方巨龙》是由澳大利亚2011年出品的3集电视系列专题片《巅峰的荣耀》的第1集，时长50分钟。

专题片《巅峰的荣耀：西方人眼中的东方巨龙》画面

内容简介：

本专题片讲述了中国秦、汉、明三个朝代修筑万里长城的故事。

公元前221年，秦王嬴政完成了统一六国的大业，成为中国历史上第一位皇帝，史称始皇帝。为了抵御北方游牧民族匈奴的侵袭，秦始皇命蒙恬率大军修筑长城。在原燕、赵、秦三国所修长城的基础上，历时十余年，修筑了高5.5米、长约5000公里的大型防御工事。秦长城大多就地取材，属夯土式建筑。长城虽然保卫了华夏大地，但却劳民伤财，致使人民怨声载道，终于在公元前209年即秦始皇驾崩后一年，陈胜、吴广领导的农民起义爆发，秦王朝自此开始走向衰落。

汉初对匈奴战争失败之后，采取贡礼、和亲等方式安抚匈奴，但收效甚微。汉武帝时期，国力强盛，军备充足，于是对匈奴发动了大规模反击战，为巩固胜利果实，并着手修复、加固和建造长城。沙漠中的长城创造性地把红柳放入泥沙中，使长城更为坚固。长城不仅保卫了汉朝的疆域，而且保护了丝绸之路，使东西方的交流成为可能，玉门关便是其中的一个例证。汉朝非常重视烽火台的营造，每隔24里就建造一个烽火台，这些烽燧白天点起狼烟，晚上燃起篝火，传递战报非常快捷。公元220年，汉朝灭亡。

明朝时为了抵御蒙古族鞑靼、瓦剌诸部和女真等外族，大力扩建和修筑长城。明长城表面多以砖瓦结构为主，所用砖异常坚固，与当今水泥砖坚硬度几乎不相上下；除此之外，填补砖与砖缝隙所用的灰浆中掺入了米粉，具有较强的抗酸性腐蚀功能。

古北口长城和司马台长城都是明长城的杰出之作。另外，位于河北滦平县与北京密云县交汇处的金山岭长城形式之奇伟、构筑之精巧世所罕见，尤其是敌楼的设计异常缜密，既便于士兵居住，也有利于防守。明长城最西端的嘉峪关是重要的战略要地之一，它的作用是保护丝绸之路。山海关被称为明长城的起点，因为明代后期海运发达，陆上丝绸之路逐渐被海上丝绸之路代替，而山海关是由海入关的第一站。

明长城自西向东绵延近 7300 公里抵达今天的朝鲜，尽管它是如此雄伟，但没能守住明朝的江山。1644 年，统治者的昏聩导致明朝覆灭，满清取而代之，长城从此停止了它的历史使命。

该片是西方人对于不同朝代修筑长城，以及长城故事的认识和解读，不全面，但视角独特。

专题片《巅峰的荣耀：西方人眼中的东方巨龙》画面

万里长城(2012)

《万里长城》是上海外语频道《华夏新纪录》栏目2012年摄制的专题片,时长45分钟。《华夏新纪录》栏目通过西方人的视角,采用纪实的手法,从人文的角度挖掘不曾被发现的华夏文化,展示今日中国社会的深刻变化、中华文化的魅力以及中国人民的理想和追求。

内容简介:

专题片跟随英国研究长城的专家——威廉·林德赛的脚步来考察中国的万里长城。

林德赛自幼对长城情有独钟,为了研究长城,他旅居中国20年。1987年他就徒步沿长城从嘉峪关走到了山海关,23年之后他再次徒步考察长城。

林德赛考察的起点是敦煌市西北的长城,这是中国最珍贵的长城,建造于汉代,建造的目的是防御北方游牧民族的入侵和保护丝绸之路的安全。长城就地取材,主要用芦苇和沙砾建成。

第二站是嘉峪关,是明朝嘉靖皇帝1539年建成的。嘉峪关的意思是通往美好山谷的关隘,是明长城的西端起点,建于嘉峪山山下。内城中的高墙形成了迷宫,使入侵者无法继续深入。当初建造嘉峪关的工匠计算异常精确,算出需要999999块砖,结果最后只多出一块,工匠便把它摆放在城门上,说他能给卫兵和行人交上好运。这里的城墙主要以夯土修筑而成。

出了嘉峪关,林德赛继续向东行进,进入河套地区,这里是游牧民族进入中国腹地的门户。1549年蒙古骑兵南下劫掠,但因宣府长城的阻隔而失败,不过他们向东绕过了长城,成功地攻入了北京,强迫明朝皇帝与之通商。短暂的通商之后,明朝便在北京以北修建石质长城,到1644年,长城修建完工。据调查,明长城的总长度是8850公里。

林德赛考察的最后一站是山海关,这是明长城地理上的终点,意思是山与海的关隘。由于明朝守卫山海关的大将吴三桂投降满清,长城不攻自破,明代灭亡,被清朝取代。

专题片主要通过林德赛的讲述为观众介绍长城的历史或现状,使我们既了解了长城,又感受到了一个外国人对长城的深厚感情。

它不是用石块儿修建的

专题片《万里长城》画面

长城：中国的故事（2015）

《长城：中国的故事》是2015年凤凰出版传媒集团、中央新影集团、北京科影有限公司联合拍摄的大型人文纪录片。该片2012年在山海关老龙头景区开机，历时3年拍摄完成，三个摄制组行程10万公里，跨了11个省，拍摄了2000多年来建造的、今天还保留下来的长城遗址。视觉特效团队大量采用数字绘景技术，重现跨度长达2000年的历史长度，3D技术展现了历代长城的原貌，讲述了70多个精彩的历史故事。《长城：中国的故事》共计12集600分钟，已于2015年10月19日在央视纪录频道、中国教育电视台、北京电视台纪实频道、上海电视台纪实频道4家上星频道和爱奇艺视频共同首播，与观众见面。

纪录片《长城：中国的故事》DVD

内容简介：

长城是中华民族文化的一种象征，见证了华夏文明几千年的发展。一部长城史，就是半部中华文明史。长城是古代丝绸之路必经之地，也承载了不同民族共同的荣誉与梦想。

《长城：中国的故事》是继《望长城》热播20余年后，中国纪录片人从新角度、新视野、新发现、新观点再次解读长城、与时俱进地阐释中国梦、解读中国精神和中国文化的纪录片作品。

长城是古代丝绸之路必经之地，也承载了不同民族共同的荣誉与梦想。这部12

集的大型纪录片《长城：中国的故事》通过中国长城诞生、兴盛与衰落的故事，通过对历史和现实的细致梳理，对东方和西方文化的对比碰撞，还原了一个真实的长城，读解了古老中国如何成为今天的模样。长城是古代丝绸之路必经之地，也承载了不同民族共同的荣誉与梦想。摄制组将镜头聚焦在那些影响历史进程的人物，尤其是鲜活、生动的小人物身上，通过探寻小人物的命运与王侯将相、帝国兴衰的命运之间的隐秘联系，全景展现了长城的沧桑历史和内涵价值，再现了东方古国长城的核心元素和建筑文明，还原了一个真实全面的长城。

第一集　裂变

公元前1000年，中国进入第一个寒冷期，北方的游牧民族为了躲避寒冷和饥饿而南下，一个漆黑的夜晚，中国黄土高原核心地带的渭水河谷，一名农夫的家遭到了一群游猎民的袭击，被击败的游猎民逃往北方的草原，开始了新生活。200多年后，中原由周朝王室所控制，各地方是分封的领主和国王。为了防范北方的少数民族，领主和国王们建立了一种烽火台的信息传递系统。农耕帝国的天子周幽王为了博取妃子的一笑，点燃报警的烽火，谎言与戏弄为他和他的王朝带来覆灭。随着周王室的衰败，春秋战国时代来临，裂变成为这个时代的主题。诸侯国之间、诸侯国与北方游牧民族之间的战争此起彼伏，正是这一时期，一项巨大的工程开始了。

第二集　帝国

公元前3世纪，就在中国第一个帝国秦开始统一战争的时候，头曼出生在阴山脚下。在短短几年的时间里，头曼带领的匈奴部族发展成为一支强大的军事力量，占据了阴山至河套以北地带，东与东胡、南与秦、西与月氏为邻。头曼成为第一个在中原历史记载中留下名字的游牧首领。

头曼的马队从阴山脚下出发，穿过残破的北部长城，狂风般南下。今天的中国版图上出现了第一个统一的农耕王朝，一个强大的帝国建立起来。但秦始皇在巡视北部边疆时，却感觉到了来自草原的威胁；秦帝国动员了举国之力在北方边境上建造长城，将军蒙恬成为这项工程的负责人。一位传说中的人物为后世留下了长城建造者的故事：读书人万喜良因为触犯刑律被送到长城工地上服劳役，最后摔死在山崖下。

第三集　出塞

草原上，一场惊人的暗杀正在上演。匈奴王子冒顿射杀了自己的父亲，登上单于的宝座，在他的带领下，一个强大的草原帝国开始出现。此时的中原，农民出身的王者刘邦正在重建一个新的农耕帝国。汉王朝建立之初的将近半个世纪，凭依战国时代留下的秦昭襄王长城，脆弱的初生王朝获得了喘息的时机，和亲政策，更为双方维系着长久的和平关系。

第四集　远征

长城的修筑为汉王朝赢得的是长久的和平，丝绸之路的繁盛，使得中原的经济、文化对西域产生了深刻的影响，西域各族人民从那时开始逐渐纳入中华文化。伴随着不断向西延伸的长城烽燧，汉长城的走向竟与丝绸之路如此惊人一致。汉帝国的使臣张骞出使西域，寻找共同对付匈奴的盟友——大月氏，他带回的军事情报促使汉武帝下定决心，远征西域。长城脚下的北部边疆，一位中原的商人间谍引诱匈奴攻打边关城市，这成为汉帝国反击匈奴的开始。作为一名养马的奴隶，年轻英俊的卫青受到汉王朝最伟大的皇帝汉武帝的赏识，被提拔为将军。他带领骑兵深入草原，中原人第一次在与匈奴的战争中反败为胜。燧长陈阳坚守着居延沙漠中的烽燧。汉朝的影响力和控制力随着长城和烽燧向遥远的西域延伸，西部的沙漠和草原的一部分第一次成为农耕王朝的领土。

第五集　分界

公元4世纪末，在一场南下中原的关键战斗中，新兴的小王国北魏在首领拓跋珪的带领下取得胜利，这个由游牧人创立的政权从此将势力扎根于农耕土地。草原上崛起新的游牧霸主柔然，北魏在北部边境采取了农耕王朝一贯的军事策略——修筑长城，虽然参与长城工程的军官段进在柔然人的突袭中丢失了性命，但是最终完工的长城守卫住了更广阔的土地。

第六集　秩序

公元6世纪，中国黄河流域在短暂的统一后，重新陷入分裂与混乱，鲜卑人建立的北魏分裂为东魏和西魏两个王朝，不久后，东西魏政权被王族之外的大臣夺走，黄河流域分裂为北齐、北周两个政权，北周将军杨忠联合北方草原上的突厥人，向北齐发起进攻，但却由于北齐坚固的长城工事而功败垂成。突厥在中原内斗中渔利，逐步强大，北齐则为了自保将长城建得高大坚固，直到今天依然雄伟。

第七集　天下

公元7世纪初，东突厥的铁蹄越过破败的长城，直抵长安城外，这里是新生的唐王朝的都城，千钧一发之际，智勇双全的唐朝皇帝李世民孤身一人深入敌阵，有惊无险地化解危机。

第八集　对峙

公元10世纪中叶，中国正处于大分裂时期，传统的长城防线落入游牧人建立的辽朝手中，另一个割据政权后周的军事统帅赵匡胤谋夺了统治权，建立宋朝，夺回长城防线是宋人的梦想。

第九集　开拓

一生从未打过败仗的将军徐达，在长城以北的草原上，遭受了一生中唯一一场失败，从此一个叫明的王朝开始了数百年修建长城的历史。一次跨越长城的移民大迁徙，使得农耕王朝的军事堡垒出现在草原上。一场中原王朝的惨烈内战给了游牧民族重新崛起的契机。明帝国倾尽全力修建了一座庞大的城市，它成为帝国新的都城，这座名叫北京的城市延续至今。

第十集　和议

一位皇帝被俘，50万军队溃败，在一座叫土木堡的长城堡垒前，明朝遭受到王朝建立以来最惨烈的一次失败。余子俊在西北的荒原上拉开了修建明代万里长城的序幕。

第十一集　背影

一座孤城上惨烈的激战，袁崇焕赢得了人生中最为重要的一场战斗，却没能阻止明帝国走向灭亡的脚步。长城尽头的山海关前，十几万军队的生死搏杀，让一个渔猎民族建立的王朝，跨过长城，进入中原。康熙皇帝在草原上举行盛大的会盟，这开启了长城内外大一统的局面，但困扰中原王朝长达 2000 年的北方游猎边患并未得以彻底解除。王相卿在中原和草原之间贩运着货物，一条跨越亚洲和欧洲的茶叶之路，穿越长城逐渐兴起。

第十二集　血脉

一位水下摄影师连续数年执着拍摄沉睡在水下的长城遗址，这座水库下方埋藏着的，是一段古老的建筑，也是一段逝去的历史，更是古老族群共同的精神图腾。中国长江流域一个偏僻的村落里，居然保留着千年以前匈奴人的血脉和习俗。居住在南海之滨的源氏穿越整个中国，来到东北大兴安岭寻祖，长城内外的族群迁徙自古至今一直在发生着。来自浙江的义乌兵后代与来自关外的满人后代共同居住在长城沿线，对长城的守望使得这些远离家乡的人们成为长城脚下的居民。一位老人，用十几年的时间将百年前留下的长城老照片在同一地点进行复拍，让人深刻感受到长城遗迹正在经历巨变。一场拯救长城躯体的修复行动正在进行，中国人的长城情结绵延不绝，长城，构成了一个统一的血脉相连的中国。

专 题 片

三、长城秘密探寻

古北口探秘（2007）

《古北口探秘》是由中央电视台第10套科教频道《探索·发现》栏目2007年12月10日首播的专题片，时长35分钟。

专题片《古北口探秘》画面

内容简介：

古北口周边的长城是万里长城中最为雄伟的段落之一，它是由明朝著名的将军戚继光主持修建的。

1568年，戚继光被委任为蓟镇总兵，负责首都北京地区的军事工作，并主持加固北京周边的长城。

古北口地区被称作“塞北天险”，和平年代是华北平原和蒙古草原交通往来的一条要道，战争年代则是兵家必争之地。历代统治者和军事将领都对古北口的防备十分重视。2000多年前，燕国就在此修建了烽火台。古北口最早的长城是6世纪的北齐修筑的，是用石块堆砌起来的墙体。戚继光感到残破的北齐长城以及明朝初年徐达修筑的零星的长城无法抗击敌人，于是在1569年，开始正式修筑古北口新长城，并加固原有的古长城，使之成为两条防御体系。1571年，在无数士兵和百姓的辛苦劳作下，雄伟的古北口长城基本完工，戚继光也因此被人们称为北京长城的“总设计师”。戚继光创造性地在长城上设计了空心敌楼，既可以住人，也可以储藏粮草和兵器。

司马台长城是古北口长城中最险峻的一段，著名长城专家罗哲文曾为之题词：“中国长城是世界之最，而司马台长城又堪称中国长城之最。”司马台长城修建在一条山脊上，烽火台密度最大，而且最险，天梯处倾斜度85°，最窄的地方只能勉强放下脚。

除此之外，戚继光还修建了古北口新关城。

晚年的戚继光备受排挤，被迫离开北京，1587年，戚继光在老家抑郁而终。努尔哈赤的后代突破了戚继光倾尽心血修建的长城，占领北京，建立了清朝，长城作为抵御游牧民族的军事防御体系失去了意义。康熙拒绝维修古北口长城，反而在此修建了万寿行宫。

古北口长城最后一次发挥军事效用是在1933年，中国军队借助古北口长城顽强抗日63天，最后由于后方断绝供应而失陷，这次战斗被日军称为“激战中之激战”。

该纪录片近乎写实地表现并介绍了古北口长城的状貌、风神，既有丰富的历史信息，也不乏对英雄的崇敬、追忆，更彰显了长城精神的不朽。

世界遗产在中国：八达岭长城（2008）

《世界遗产在中国》是2008年广州英豪文化传播有限公司北京分公司制作播出的系列专题片，共57集，有些是上下集。《八达岭长城》是第1集，时长17分钟。

内容简介：

长城是中国也是世界上修建时间最长、工程量最大的一项古代防御工程，1987年被列入世界文化遗产名录。

长城起源于春秋战国，秦始皇修筑了西起临洮、东至辽东的中国第一道万里长城。汉朝又向西延伸许多。明朝是长城发展的最高峰，保存至今仍然完好的长城绝大多数是明朝修筑的。

八达岭长城是明长城中现今保存最好的一段，也最具有代表性。地势险峻，依山而建，是明朝京城的北大门和军事要地。

八达岭南10多公里处，就是著名的古关城居庸关。八达岭长城是护卫居庸关的门户。

八达岭长城建筑宏伟，防御设施齐全，是万里长城的精华。不仅起着护卫明王朝皇陵的作用，同时，也是京城的西北门户，有“北门锁钥”之称。

八达岭长城还是历史上许多重大历史事件的见证。第一位帝王秦始皇东临碣石后，从八达岭取道大同，再驾返咸阳。萧太后巡幸、元太祖入关、元代皇帝每年两次往返北京和上都之间、明朝帝王北伐、清代天子亲征、慈禧太后西逃……八达岭都是必经之地。

清代以后，八达岭长城日渐荒废。新中国成立之后，进行大力保护和修缮。

纪录片表现了八达岭长城过去与当下的状貌。

长城的故乡(2008)

《长城的故乡》是2008年8月7日由中央电视台第4套《走遍中国》栏目组播出的电视专题片，时长25分钟。

专题片《长城的故乡》画面

内容简介：

该专题片主要围绕在河北省山海关发现的修长城用的古砖来研究山海关长城修建的历史、明长城砖的烧制方法等问题。

河北省的山海关是万里长城最重要的关口，修建于600年前的明代，在现代大力修缮时发现其砖异常坚硬，现在的烧造技术都难达到；其原始夯土城墙也是异常坚硬，比现在的钢筋水泥还硬。

在山海关东罗城发现的长城砖上盖有印文，印文的字迹仍清晰可见，如“万历十二年燕河路造”“万历十二年滦州造”“万历十二年德州营造”等11个地名。据考证，东罗城乃是戚继光带兵所建。万历十一年(1583年)，由于蒙古的入侵导致东罗城的长城受损。第二年，来自11个地方支援战斗的士兵和民工负责修复长城，番号的刻制是为了分工负责，以保证长城的质量。

2002年在河北省抚宁县板厂峪村西沟、东沟发现大小砖窑66座，揭开了长城砖烧制之谜：先选择黏性沙土，要经冻土、踩泥、

专题片《长城的故乡》画面

抽泥，方可制坯，然后再晒坯，晒完之后要在马蹄窑里烧造，十多天的烧造期间，窑火不能间断，最后洇水，使红砖变青，烧造才完成。今天烧制方法虽与古法相同，却无法达到那时的烧造水平。

1568 年，戚继光任蓟镇总兵后决定重修蓟镇长城，他把修建难度最大的老龙头入海长城的任务交给浙江义乌的将领吴惟忠。由于海水冲击力很大，一二吨的大石条也会被海水冲得不稳定，吴惟忠将白矾和松香化成水，再加入铁末，把低温的铁水倒入石条各侧面的燕尾凹槽，把各石条牢固连接起来，解决了老龙头修长城的基本问题，创造了中国古代建筑史上的一个奇迹。1579 年，老龙头入海长城修好后，这些来自义乌的戚家军大多留了下来，成为驻守长城沿线敌台的主力。他们的后代也把守长城作为他们古老而神圣的使命。

2007 年，一组名为修长城人的后裔的照片获得了美国国家地理全球摄影大赛金奖，修长城人的故事跨越了时间和空间感动了世界。

河北省是中国长城途经最长、保存最完好、建筑风格最具代表性的省份。

该专题片以砖为切入点，详尽地介绍了长城建筑材料的生产过程、技术含量，显示出古代劳动人民的聪明智慧。解剖式的拍摄方法新颖、别致。

听他们讲那长城的故事（2011）

《听他们讲那长城的故事》由北京电视台《这里是北京》栏目2011年12月9日播出，主持人为阿龙，时长20分钟。

《听他们讲那长城的故事》主要是讲述北京市延庆县的国家级非物质文化遗产——八达岭长城传说。专题片共分为四个部分：一、长城脚下的“故事会”；二、听故事的人；三、李自成：帮水峪的大能人；四、快板评书——我的内容很独家。

第一部分主要是讲述延庆流传的各式各样的八达岭长城传说。

延庆的民间文学八达岭长城传说入选了第二批国家级非物质文化遗产名录。八达岭长城传说多种多样，如八达岭长城名字的由来、孟姜女的传说、斜楼的传说，等等。在北京市延庆县，上至老人下至小孩，几乎人人都能讲几段。尤其是这项非物质文化遗产的传承基地——八达岭中心小学一年级就开设“长城文化”课，课程内容就包括这些传说故事。

第二部分主要是讲述温世斌等人搜集整理传说的事情。

延庆人温世斌经常听取老人讲述有关长城的传说，并把它整理成文字。其实，早在20世纪八九十年代，就有文化工作者对延庆的长城传说进行搜集、普查，并汇成了上下两册的《八达岭长城传说》。这些传说按类型分为孟姜女的传说、秦始皇的传说、神仙佛道的传说等，共有200多条。

第三部分主要是讲述李自成攻打北京取道帮水峪的故事。

八达岭长城传说中最著名的是帮水峪流传的李自成的故事。主要是说李自成攻打北京的时候，八达岭防守太严无法攻克，只好绕道帮水峪石峡关，在帮水峪神仙的指引下顺利攻破北京的故事。

第四部分主要是讲述延庆评书演员王久生和孙洪超师徒俩对传说的传承。

延庆评书演员王久生和孙洪超师徒俩把大量的传说改成了评书，讲起来脍炙人口，观众非常喜闻乐见。延庆人用各种各样的方式演绎这些传说，传承这份国家级的非物质文化遗产。

专题片《听他们讲那长城的故事》画面

蔚县古堡探秘（2012）

《蔚县古堡探秘》是由中央电视台第10套科教频道《探索·发现》栏目2012年9月3日首播的专题片，片长35分钟。

专题片《蔚县古堡探秘》画面

内容简介：

《蔚县古堡探秘》介绍了河北省蔚县古城堡形成和演变的过程以及现在周边居民的生活状况。

蔚县是由塞北进入华北平原的咽喉要道，历代为兵家必争之地，建有800座古堡，保存较好的近200座。

西大坪军堡始建于明代洪武年间，不仅地势险要、垒墙坚固，而且设计精妙，全堡唯一的入口只能容纳两个人错身进出，一旦里面的人将入口封死，西大坪军堡便成了一座万夫莫开的堡垒。

横涧堡始建于1369年，堡墙比西大坪军堡更加高大，且拥有敌楼和马面。横涧堡和西大坪军堡都是由夯土筑成的。

北官堡是蔚县年代最久远的古堡之一，始建于元代，北官堡和横涧堡都是“堡中套堡”。随着人口的增多，小堡里住不下了，只好搬到堡外，为了保护这些住在小堡外的村民，又建了一层大堡，于是有了大堡套小堡。

专题片《蔚县古堡探秘》画面

北官堡的村民有打树花的风俗，即把烧红的铁水泼在高高的堡墙上，形成绚丽的树花。

暖泉镇由北官堡、西古堡和中小堡三座古堡组成。在三座古堡之间，有一座暖泉书院，是元代工部尚书王敏开办的，又被称为王敏书院，书院对学生免收学费。

西古堡是暖泉三堡中最大的一座古堡，始建于明代中后期的嘉靖朝。古堡的南北两端各有一座瓮城，修建瓮城是为了护卫晋商董家的钱粮财富。董家是清代西古堡中最大的宅门，其开山祖董汝翠曾在顺治时期收留了七八万难民，震惊朝野。

解说词（节选）：

在河北省蔚县109国道边的一处山崖上，矗立着一座堡垒式的夯土建筑，南来北往的司机们常常把它当作一个地标，但极少有人知道，这座气势非凡的古堡已经历经了六个多世纪的风雨，它有一个响亮的名字——西大坪军堡。

西大坪军堡始建于明代洪武年间，也就是开国皇帝朱元璋的年代，在之后的200多年中，这座古堡里一直有明军驻扎守卫，因此是名副其实的军堡。

刘国权（蔚县史志办常务副主编）：“明初的时候，出于军事上的考虑，西大坪古堡的下面正是蔚州通往宣化府的一条大道，西大坪正处在‘四十里平台’的边缘地带，下面就是河川区，在这里建堡能够扼守住下面的那条通商大道，所以它建的位置特别险要。”

西大坪军堡不仅地势险要、垒墙坚固，而且设计精妙，全堡唯一的入口只能容纳两个人错身进出，一旦里面的人将这个入口封死，西大坪军堡便成了一座万夫莫开的堡垒。古堡内是一片平地，有三四百平方米大小，山崖上的一面有意洞开，以便观察敌情。建成600多年来，西大坪军堡并没有发生过惨烈的攻防战。清代以后，这座古堡不再用来屯兵，却造福了邻近的村民，成为老百姓躲避土匪的避难所。

同蔚县绝大多数古堡一样，尽管建堡的

初衷是用于防御，但他们的垒墙都是夯土建成的。

刘国权（蔚县史志办常务副主编）："根据历史资料记载，当时在建古堡的时候也很艰难，因为当时的科学技术条件不具备，在险要的地方建（古堡）必须要用大量的人力和物力，特别是古代的工具比较落后，所以当时的工程量是相当浩大，我估计这个古堡建的时间也在三至五年。"

古堡在蔚县并不少见，全县号称八百古堡，其中保存较好的有近200座。著名学者罗哲文先生曾写道："在世界的东方，存在着人类的一个奇迹，这是中国的万里长城。在长城脚下，还存在着另一个奇迹，那是河北蔚县的古城堡。"实际上，蔚县古堡与明长城是同时代的产物，都是为了防范北方游牧民族的侵扰，当时，往往一座古堡便是一个屯兵的堡垒。

蔚县属河北省张家口市，距离北京市区的直线距离约为160公里。北岳恒山的余脉由山西向东延伸进入河北，分南北两支将蔚县合抱起来，桑干河的支流壶流河由西向东横贯全县，形成了一块地势平坦、水源充足的"米粮川"。几千年来，蔚县一直是由塞北进入华北平原的咽喉要道，战时为兵家必争之地。

从西大坪军堡驱车南行十几公里，便可以看到另一座出于军事目的而建造的堡垒——横涧堡，横涧堡建于1369年，也就是朱元璋登基后的第二年。由于地处平原地区，它的堡墙比西大坪军堡更加高大，且拥有敌楼和马面。马面是指城墙上每隔一定距离便突出修建的矩形墩台，防守者用来从侧面抵御攻城的敌人。正因为横涧堡易守难攻，建成六个世纪后仍具有防御功能，解放战争时期，国民党军第16军曾将军部设在横涧堡之中。

与西大坪军堡和蔚县绝大多数古堡一样，横涧堡也是夯土筑成的。

中国自5000年前便掌握了夯土施工的方法，具体的做法是，先树立两排墙板形成填土的空槽，空槽的横断面为梯形，用绳索或木棒将木板连接加固，再向槽中填土、夯实，一层土基夯实后，将墙板上移，再行填土、夯实，如此反复，直到需要的高度。在夯筑高大的城墙时，所用的土壤一般就地取自城墙外侧，随着城墙的增高，墙外也挖出了一道壕沟，注入河水便是护城河。

事实证明，夯土筑成的古堡坚固耐久，不仅可以抵御外敌，而且经历了数百年的风霜雨雪仍傲然屹立。

与西大坪军堡最大的不同点是，横涧堡今天仍住有村民。

北官堡是蔚县年代最久远的古堡之一，始建于元代。北官堡和横涧堡的结构都是"堡中套堡"，现在我们所在的位置是北官堡的外层堡墙，而内外层堡墙之间距离100多米。为什么会出现堡中套堡的格局呢？蔚县的专家告诉我们，小堡建于元代，到了明代，这里的人口不断增多，小堡里住不下了，只好搬到堡外，为了保护这些住在小堡外的村民，人们又建了一层大堡，于是有了大堡套小堡。

蔚县的大多数古堡今天都住有居民，往往一个古堡里面便是一个完整的村庄。

这是北官堡的南堡门，在这座高大的城门楼上，竟明显留有一层铁锈，为这座古老的城门陡增了几分沧桑，那么，城门上为什么会留有铁锈呢？蔚县的工作人员告诉我们，这些铁锈源于蔚县一项璀璨的民俗——打树花。

今天，打树花已成为蔚县旅游的一大看点，每个周六的晚上，在专门为打树花表演修建的“树花广场”上座无虚席。打树花的炉工在台上进行了古老的“祭炉”仪式，接下来，刚刚熔炼好的火红的铁水被抬了上来，树花艺人拿出了柳木勺子，等待着激动人心的时刻。

“打树花喽！”

在蔚县人眼中，打树花的汉子是真男儿。过去，富人们逢年过节燃放烟花，而贫苦的人们买不起烟花，一位铁匠突发奇想，把烧红的铁水泼在了高高的堡墙上，从此，蔚县有了比烟花更加动人的树花，为土黄色的古堡群增加了一抹绚丽的色彩。

蔚县八百古堡告诉人们的并不仅仅是刀光与火光交错的历史，当人们漫步其间，看到和听到的还有几个世纪的兴衰往事。

蔚县暖泉镇由三座古堡组成，除了打树花的北官堡，还有兴盛一时的西古堡和狭小的中小堡，先有了这三座古堡才有了今天的暖泉镇。

在三座古堡之间，有一座漂亮的书院——暖泉书院，这座书院是元代工部尚书王敏在家乡开办的，因此又被称为王敏书院。王敏书院对学生免收学费，书院的正房是秀才们上课的，两侧的偏房则是供没有功名的童生们学习。正房前有一口井，传说，不努力的学生当年会被吊在井里反省，直至有了悔改之心才被拉上来，允许回到课堂学习。正房的两侧挂着一副对联：“汩汩其来悟词源之出峡，明明在上毋坐井以观天。”意在勉励学生不应坐井观天，要潜心学习，这样，才思才会像泉水汩汩涌出。这副楹联是100多年前的古物，由清末的一位满族总督题写，能够保存下来实属不易。书院的一角建有高高的魁星楼，魁星是传说中主管文章兴衰的星宿，书院的主人希望学生们都能够金榜题名。

李新威（蔚县博物馆馆长）：“历史上蔚县人非常注重文化和教育，在漫长的历史过程中出现了许多名人和名臣，像西汉时期的冯唐。这个书院从元、明、清到民国年间都一直在开办，培养过许多许多的暖泉人和蔚县人。”

西古堡是暖泉三堡中最大的一座古堡，始建于明代中后期的嘉靖朝，古堡的南北两端各有一座瓮城，建于清初顺治年间，为西古堡平添了几分气派。瓮城的存在大都是出于军事防御，但顺治年间，清军已经入关，北方民族的威胁不复存在，那么，西古堡增建这两座瓮城的目的又是什么呢？蔚县的文史专家告诉摄制组，修建这两座瓮城是为了护卫西古堡中一位晋商的钱粮财富。

一切要从明末说起，当时，西古堡中的张家出了两位总兵——张邦齐和张邦正，张邦齐还曾做过明朝的兵部侍郎，因此，张家是西古堡乃至蔚县最有权势的人家。这个院落是当年张家会客的院落，今天已成为几户村民共有的家，透过院中的几分零乱，仍可以真切地感受到张家当年的显赫。

刘聪明（蔚县暖泉镇政府旅游办主任）：“传说他（们）的父亲得病了，周边五个州的知府都来看望他们的父亲，并且说，我们就如同您的儿子，您的儿子镇守边关呢，我们为他们尽孝，给您得好好瞧病。”

这个小院是张邦齐的父亲张俊的书房所在，进入书房要穿过一道小门，门上题有“小自在”三个字，小自在的源起是佛教《法华经》中的“大自在”，指的是佛有大自在的神通之力，而张俊认为，自己达不到佛的境界，但也称得上是“小自在”，因此将之题写在了书房外的门墙上。

时隔不久，明亡清兴，张家兄弟在对清军的作战中战死，张家的势力不复存在，而晋商董家迅速崛起，成了西古堡中最大的宅门。应当说明的是，今天，暖泉镇距山西省界不到两公里，而整个蔚县在明末清初隶属山西省，因此，这里不难找到晋商文化的印迹。

晋商董家的开山祖董汝翠曾是个乞丐，15岁时流落到暖泉镇，被他未来的岳父收留。这位善良的老人教导董汝翠持家、经商，并在董汝翠18岁时将自己的独生女儿嫁给了他。之后，董汝翠的经商天赋得以发挥，没过多少年，暖泉镇周边五个县五分之一的良田都归了董家；西古堡内共有宅院180所，董家一度就占到了半数之多。

刘聪明（蔚县暖泉镇政府旅游办主任）：“当时在顺治皇帝入关不久的时候，山西发生了灾荒，我们本地也有一定的灾荒，他（董汝翠）收留了大量的难民、乞讨人员，有多少人呢，当时这个（难民）队伍有20多万人，他凭他一个人的力量收留了七八万人，当时惊动了朝野。”

神韵滦平之万里长城金山独秀（2012）

《神韵滦平之万里长城金山独秀》由旅游卫视《文明中华行》栏目2012年10月13日播出，片长15分钟。《文明中华行》栏目是一档关注中华文明进程与民族复兴大业的电视节目，由北京睿智名流传媒公司创办。节目中重点拍摄“中华遗产”，再现历史文明现象，讲述真实生动的人文故事。总导演：张自立；编导：毕军。

内容简介：

在我国河北省承德市西南的滦平县有一段险峻而风光独特的金山岭长城，它有着“万里长城金山独秀”的美誉，也被称为古代战争防御体系的典范之一。

金山岭长城横亘在燕山支脉上，它依山设险，凭水置塞，在短短10.5公里的沿线上，设有大小关隘5处、烽火台2座、各式敌楼67座，其敌楼的密集程度在万里长城上是十分罕见的。敌楼一般分为上下两层，下层楼有6条砖砌拱道，可以运兵自如；上层楼则为士兵遮风避雨、站岗放哨所用。其中，大、小金山楼为代表之作，金山岭长城的名字就来源于此。除此之外，还有著名的中段制高点——将军楼。

金山岭长城由明代著名将领时任蓟镇总兵的戚继光主持修建，于隆庆元年（即1567年）动工，历时16年完成。一方面在原有长城的基础上进行改造和重建，另一方面又新修建了1300多座敌楼，目的是为了抵御北方蒙古族鞑靼、朵颜等部的进攻。

金山岭长城是现保存最完好的一段明长城。1988年被国务院公布为“第三批全国重点文物保护单位”，1991年又被国家定为“一级旅游景点”“国家4A级风景区”，并被列入《世界文化遗产名录》。

专题片《神韵滦平之万里长城金山独秀》画面

楚长城（2012）

大型历史文化纪录片《楚长城》于2012年10月14日在河南卫视首播。共12集。总编导：陈建斌，葛明；执行编导：董萌；编导：王占宏，王琼，宋点点。

内容简介：

《楚长城》利用三维动画、场景再现等现代音画制作手段，采用主持人讲述和专家介绍相结合的方式，对河南南阳伏牛山楚长城的修建历史、分布现状、学术价值和保护开发等进行了全面展示。

本纪录片不仅展现了被称为中国“长城之父”楚长城的遗留现状和周围人民的生活状况，而且重点讲述了楚长城修建的来龙去脉，及与楚长城有关的春秋时期楚国的政治、经济、军事、外交与文化，等等。除此之外，还对楚长城的发掘过程和保护开发情况进行了详细的介绍。

寻找中国最古老长城（2013）

历史文化纪录片《寻找中国最古老长城》于 2013 年 7 月在全国 16 家视频网站播出，董耀会长城工作室和丙午马（北京）影视文化传媒有限公司出品，DVD 光盘由江苏出版传媒股份有限公司和江苏电子音像出版社出版。时长 90 分钟。导演：周东。

内容简介：

《寻找中国最古老长城》主要表现长城学会常务副会长、著名长城专家董耀会对中国最早的长城——春秋时期楚国修建的楚长城的徒步考察。

董耀会把一生精力献给了长城。1984 年 5 月 4 日至 1985 年 9 月 24 日，他和两个志同道合的伙伴以“华夏子”为名，完成了自山海关至嘉峪关的徒步考察。此后，他把主要精力用于研究长城的源头问题。

1999 年，河南省南阳市南召县发现一些古城墙遗址，南召县文物史志专家初步推测可能是春秋时期楚国修建的楚长城遗迹，但不敢确认，便邀请中国长城学会派人实地考察。

2000 年 8 月，董耀会奔赴南召县进行实地考察，初步认定这些古建筑遗址很可能是楚长城的一部分，并欣然题下了“长城之父”四个大字。

2008 年 8 月，河南省文物局启动河南长城资源考古调查。2009 年，河南省文物局发布消息：找到被称为“长城之父”的楚长城。

2012 年，董耀会感到对楚长城的考察意犹未尽，再次赴南阳详细地考察楚长城，通过完整地行走楚长城的形式，感受楚长城的神秘壮观和收集关于楚长城的第一手资料。

本片即根据董耀会对楚长城的行走，以寻找方城塞为主线，并插入董耀会的口述，充分利用话语空间传递历史信息的表现手法，讲述春秋战国时期围绕楚长城发生的历史事件和历史人物，展现楚长城的斑驳历史和恢宏气势。

专题片《寻找中国最古老长城》画面

专题片《寻找中国最古老长城》画面

专 题 片

四、长城风土人情

长城风情录（1988）

《长城风情录》是中国第一部表现中国北方长城沿线众多少数民族日常生活情形的电视系列片。1988 年由中国长城学会等单位与北京、天津、内蒙古、甘肃、新疆等 5 省、市、自治区电视台联合拍摄。共 16 集，每集 20 分钟。

纪录片《长城风情录》片头

内容简介：

《长城风情录》以历代长城为基线，重点表现长城内外居住的汉、回、维吾尔、蒙古、藏、哈萨克、朝鲜、满、达斡尔、柯尔克孜、锡伯、鄂温克、塔吉克、保安、东乡、撒拉、裕固、乌孜别克、塔塔尔、俄罗斯、鄂伦春、赫哲等 22 个民族在生产方式、宗教信仰、婚丧嫁娶和饮食起居等方面的特点，从而展现出一幅中华民族绚丽多彩的风俗画卷。

该系列片内容丰富，场面宏大，特色鲜明，情调各异，非常富于地方民族色彩，被众多研究者称为《万里长城》的姐妹篇。

本片將讓你看到長城沿綫各個民族多姿多彩的傳統活動。

This film may show you the colorful activities in tradition of each nationality along the Great Wall.

1 安塞腰鼓(漢族)
The Ansai Waist Drum (Han)

2 塔吉克族的鷹笛和鷹舞。
The Tajik eagle-flute making an eagle fly

3 馬上角力(柯爾克孜族)。
Strength Measure outside of horses (Khalkhas)

纪录片《长城风情录》画面

PRODUCTION UNIT OF
《AMOROUS FEELINGS FOR THE GREAT WALL》
Supervisors: Wang Dingguo Pei Youquan
Hu Jinguang Liu Xiaoyuan
Members of the Editorial Board:
Wang Dingguo Zhu Linfu Xu Shaoying
Hu Jinguang Chen Shaoye Zhang Xiaoyu
Liu Xiaoyuan Pei Youquan Wei Chenggui
Scenarist Directors in Charge:
Zhang Xiaoyu Zhang Xiaochen
Zhou Yuanzhao
Cameramen:
He Ke Xu Yishan Yang Shenghui
Zhao Qinshu
Stage Managers:
Liu Xiaoshi Zhou Xinrong Zhang Ming
《長城風情錄》播制人員表
監制：王定國、裴有權、胡晉光、劉曉遠
編委（以姓氏筆劃爲序）
王定國、朱琳甫、徐少英、胡晉光
陳紹業、張 振、劉曉遠、裴有權
魏成貴
責任編導：周遠釗、張曉晨、張曉雨、楊生輝
攝影：（以姓氏筆劃爲序）
何 柯、徐毅珊、楊生輝、趙琴書
劇務：劉曉詩、周欣榮、張 銘、陳立堅
藏族 The Tibetan
維吾爾族 The Uygur
裕固族
哈薩克族 The Kazak

纪录片《长城风情录》片尾

望长城(1991)

纪录片《望长城》片头

大型电视纪录片《望长城》于1991年11月由中央电视台播出，创下了纪录片收视率的最高纪录，被称为“中国纪录片发展的里程碑”。该片由刘校礼任总导演，导演为亦平、魏斌，主持人为焦建成、黄宗英、李培红，由中央电视台、中国长城学会、日本东京广播公司(TBS)、日本影业公司联合拍摄。这是继《话说长江》之后又一部中日合拍的大型纪录片，历时2年，耗资120万美元。于1991年11月18日在中央电视台和日本的TBS电视台(日方定名为《万里长城》)同时开播，到12月中旬播完，几乎占据了两家电视台每套节目的黄金时间近1个月之久。

内容简介：

《望长城》采用自然主义的拍摄手法，如实记录了摄制组人员考察长城的过程，重点呈现长城沿线人民的生活状况、风土人情。它第一次鲜明地展现了中国纪录片纪实性的特征，被誉为“中国纪录片发展的里程碑”。

《望长城》共分为四集，每集156分钟。第一集《万里长城万里长》(上、中、下)，第二集《长城两边是故乡》(上、中、下)，第三集《千年干戈化玉帛》(上、中、下)，第四集《风烟散尽说沧桑》(上、中、下)。其中，一、二集着重介绍长城的长度，长城两边的民族发展历史、民族文化和民族风情；

纪录片《望长城》主持人焦建成

三、四集主要介绍长城的历史沿革、地理变迁、生态转化及民族民俗。

在内容上，《望长城》既真实记录了摄制组人员跋涉于长城脚下数万公里寻觅长城的踪迹，考察长城自战国到明代的修建过程、历史变迁；又全面介绍了长城在中国历史上的作用，长城对人民物质和精神生活的影响，长城与当今自然生态及人口迁徙变化的关系等等，还真实再现了长城两边各族人民的民俗、民风、民情及民族传统文化。

《望长城》与其他纪录片的不同之处就在于它对长城两边人民生活真实的记录和再现，它采用自然主义的笔法，通过生动鲜活的细节和场景展现了长城沿线人民的生活状况和风土人情。最典型的是对农民歌唱家王向荣寻找的全过程记录，通过寻找王向荣自然而然地展现出王向荣的乡亲及其家人的生活，其场景浑然天成，其情节生动感人。整个《望长城》处处充满了富有乡土味和人情味的情节。这些情节使这部作品迥异于其他纪录片。

陈岸瑛曾评论道：“1990 年开始摄制的大型电视纪录片《望长城》（焦建成主持的部分）是一道分水岭，它没有去探索长城和内陆民族封闭性的关系，也没有把走长城的活动当作一次有关‘大好河山’的风光教育，而是把纪录性的镜头伸向了长城沿线以‘现在时态’展开的当代生活。《望长城》原本选择的是一个民族象征，结果却走向了生活的现场。中国新纪录运动的开端便从这里开始。”

《望长城》探索出了一条新的创作思路——以现场采录为主，通过画面客观再现长城两边各族人民的生活习俗和文化风情，不采用过多华丽的解说词，而是运用镜头的视觉形象，将解说词和主持人融于画面之中，并充分利用电视时空交换的特点，将现实和历史糅在一起，把观众引到长城边和历史长河中去，给观众以身临其境之感。现场采访与自然风光的完美结合、声画合一的同期声效果、跟拍及长镜头手法的运用等形成了《望长城》独特的风格。《望长城》是中国第一部关注“活人”当下的生活状态、心理情感的电视纪录片，它从本质上超出了过去只关注风景、文物和解说词的专题片、文献片，具有“保留第一时间”的最可贵的纪录片品质。有学者评介说：“20世纪90年代，由中央电视台拍摄的《望长城》让中国人第一次从电视中看到了长城，也让中国电视界从此有了纪录片这一片种，更是奠定了中国纪录片发展的里程碑。它开创了中国纪录片一个新的时代，此后，纪实风格的纪录片开始在中国风行。”

纪录片《望长城》画面

感受长城（2002）

大型专题片《感受长城》于2002年12月20～31日由中央电视台西部频道《12/12》栏目滚动播出。专题片记录了由中国长城学会主办的2002年8月3日至9月17日的中国长城考察万里行活动的全过程。共12集。编导信宇。

内容简介：

大型专题片《感受长城》共分为12集，第一集《长城之源》，第二集《历史现实》，第三集《保护破坏》，第四集《水下长城》，第五集《京津锁钥》，第六集《边镇叹息》，第七集《长城之城》，第八集《绿色长城》，第九集《难忘长城》，第十集《跨越西部》，第十一集《西部治沙人》，第十二集《苍凉河西》。专题片用了13天的时间记录和感受了历时45天的长城考察万里行活动。这次考察活动由中国长城学会秘书长董耀会组织带领，是对万里长城全线进行的第二次考察，其主要目的是考察长城的保存情况，引起全社会对长城的关注和保护。记者信宇带领摄影师跟踪采访了整个行程。

专题片紧紧跟随考察团的脚步，从考察的第一站长城东端起点虎山长城开始拍摄，到嘉峪关旁边的河西走廊结束，中间经历了山海关、董家口、喜峰口、黄崖关、张家口、得胜堡、雁门关、老牛湾、镇北台等著名长城景点。考察团既为桃林口、八达岭、万全县长城的被毁或消失而忧心忡忡，又为右玉、榆林等长城周围的成功绿化而欣喜若狂；既向观众展示了由于破坏性开发而导致不古不今的白羊峪长城，又为观众呈现了保护性开发的成功案例——董家口长城。

总而言之，长城的保护状况不容乐观，大段大段的长城被人为损坏，如桃林口关的居民用长城砖盖房子、垒鸡窝、搭牲口棚、砌猪圈，而河西走廊的老百姓甚至挖长城土垫厕所，如此种种，不堪一提。中国长城学会秘书长董耀会认为：长城有人为破坏，有自然破坏，但大自然对它的破坏很有限（如果石头不粉碎的话，石头梁一直会存在下去），而这种人为的破坏对它造成的伤害才是最致命的。

整部专题片延续了《望长城》的纪实拍摄手法，采用跟拍方式记录考察团的行踪，其中也插入了主持人和考察团专家对长城历史和现状的介绍以及对长城毁坏和保护状况的评论，使观众在了解长城的同时，萌生保护长城、爱我中华的意识。

世界遗产在中国：平遥古城（2008）

《世界遗产在中国》是由中央电视台新影制作中心与北京元纯影视文化传播有限公司2008年联合出品的38集高清系列纪录片。首次以高清纪录片的方式，系统、集中地展现了中国2008年前列入联合国教科文组织《世界遗产名录》的33处自然遗产、文化遗产和人类口述和非物质遗产。《世界遗产在中国》共33部，38集（其中有些节目是上下集），内容涉及国内顶级水准的自然和人文景观33处，包括4处自然遗产、4处文化和自然遗产、3处人类口述和非物质遗产、22处文化遗产，展现了5000年的历史文化和56个民族的风土人情、歌舞音乐等等，这部影片可以说是一部展示中国世界遗产的百科全书。编剧：孙远峰，宗平，赵捷；导演：关晖。《平遥古城》是第12集，时长30分钟。

内容简介：

位于山西省中部的平遥古城，保存了现今中国最完整的城墙，是长城以别样方式的一种地方呈现，有3000多处明清时期的院落，是100年前中国的金融中心，并拥有最古老的佛教彩塑，是4万多人的生活家园。

它的缔造者是周朝大将尹吉甫，当时为了抵挡北方游牧民族的侵扰而修建了这座古城，后经明清等朝代多次予以修缮。今天，在中国4000多个城镇中平遥已成为能呈现出中国传统历史古城原来格局和风貌的唯一范例。

平遥古城传统的民居建筑属于中国北方汉民族严谨的四合院形式，平遥古民居最独特之处在于正屋保留了西北地区窑洞的形式，现在平遥普通的民居住宅大都为清代所建。

19世纪初，雷履泰创设了票号“日升昌”，他创造出了一整套货币经营的全新买卖方式，即将现银的实物转运改成用一张专门设计的汇票来替代，大量的现银不再随身携带。19世纪中叶，票号业进入了全盛期，平遥成了当时中国的金融中心，鼎盛时期几乎控制了中国近一半的流通货币。

位于平遥古城西南的双林寺里满布彩塑群体，共计2050尊，保存完好的就有1566尊，在中国被誉为是集宋、元、明、清历代彩塑

纪录片《世界遗产在中国：平遥古城》画面

纪录片《世界遗产在中国：平遥古城》画面

纪录片《世界遗产在中国：平遥古城》画面

艺术的宝库。

平遥古城东北处还矗立着一座引人注目的镇国寺。镇国寺的万佛殿内有 11 尊彩塑，刻画的是佛和他的弟子们。这些塑像是中国寺庙中现存的公元 10 世纪时期的唯一彩塑作品，堪称国宝。

解说词（节选）：

这是一座 2800 年历史的小城，保存了现今中国最完整的城墙，有 3000 多处明清时期的院落，是 100 年前中国的金融中心，它拥有最古老的佛教彩塑，是 4 万多人的生活家园。今天，它已成为人类的共同财富。

平遥——一座处于中国山西省中部的古老县城。20 世纪 90 年代这座中国北方的小城，引起了世人的注意。

在解说这座古城历史的时候，时光则要上溯到 2800 年前。当时的周王朝大将尹吉甫为抵挡北方游牧民族的侵扰修建了这座古城。今天在东城墙边上我们可以看到 600 年前平遥人为纪念他修筑的庙宇。在东城墙外不足 300 米处则有一个据说埋藏有他衣饰的坟墓。尹吉甫可以说是平遥古城的缔造者。

古老的城墙，平遥历史的开始和象征。在距今 2800 年前后，当时的中国统治者周王朝在现今平遥之地驻扎军队、修建住房并用土筑起了一道防御线，这即是平遥古城墙最早的由来。

公元 1368 年，中国进入明王朝，北方的万里长城得到重建和加固，同时政府在很多重要城市构筑了城墙，这个时候，坚固的巨形砖石作为建筑材料已经能够大量生产。

公元 1370 年，平遥土筑的古城墙被改建为砖石城墙，这项工程持续了十几年，现在完整地屹立在世人面前的平遥古城墙全长 6162.7 米，城墙高达 12 米，墙底宽 10 多米，墙顶宽 3 ~ 6 米，护城河深 3 米。在河水干涸之后只能看到一段段残缺不全的河道。每座城门之外都有一个方形的区域与城墙同高，被称为瓮城。瓮城内并设内外两门，平时用于检查来往过客，战斗时可放进一定数量的敌人后将两门关闭，便能由上方将瓮城之内的敌人迅速消灭。

古城墙最后一次作为军事设施的用途是在 1938 年 2 月 13 日。这一天，侵略中国的日本军队用炸药炸开了东城墙的一角蜂拥而入，占领了这座古城。600 年前设计的防御设施在现代战争的炮火中彻底失去了作用，如今城墙东南角这些创伤便是日军当时炮击时留下的弹痕。

平遥古城墙在明清两代 500 多年间先后修缮了 26 次，20 世纪 80 年代以来，国家和当地政府又多次维修，已累计投资近千万元。

平遥古城大致呈正方形，面积仅 2.25 平方公里。古城中心的南北大街构成一条笔直的中轴线，高 18.5 米的市楼屹立在城市的中心点上。4 条横贯东西南北的大街、8 条均匀分布的街道、72 条纵横交错的小巷，共同构建了小城井然有序的交通网络。黄色和绿色琉璃瓦铺顶的官衙、寺庙与大片青堂瓦舍呈现出一种等级的象征。

20世纪80年代初，中国开始了一场经济大变革的运动。人们因为缺乏对古建筑的认识或是它们妨碍了城市发展计划的蓝图，一时间许多古建在轰鸣声中纷纷倒下。平遥古城并没有置身于这场变革之外，同样它也制定了一个平遥县城市总体规划，按照这个规划至少要在古城内纵横开拓几条宽阔的道路并在古城墙上相应地开挖八个大口子以及修建一系列高层建筑。1981年这个毁灭古城的计划开始实施，但因为缺乏建设资金工程进展缓慢，这时中国的古建筑专家们得知了这一情况后向政府紧急呼吁留下这座古城，建议最终被采纳了，平遥古城因为几十年前经济不发达的原因而得以幸存。今天，在中国4000多个城镇中平遥已成为能呈现出中国传统历史古城原来格局和风貌的唯一范例。

平遥古城传统的民居建筑属于中国北方汉民族严谨的四合院形式，每个院落或以砖做的矮墙，四周外墙高达七八米，有利于抵御北方的风沙天气。院落多为坐北朝南，便于得到更多的阳光。

平遥古民居最独特之处在于正屋保留了西北地区窑洞的形式。这种窑洞不再是凿土为窑，而完全是在平地上用砖砌成的，一般为三孔到五孔。砖砌窑洞的外面一般还要加筑一道木廊瓦檐以防风雨日晒并饰以题材繁多的精美木雕、彩绘。大户人家还在正屋之上再加盖一层砖木结构的二楼用于会客或充当书房，这些各式各样的风水壁、风水楼都建在正屋的屋顶之上，力争在高度上超过四邻，保住自家的风水。

平遥民居中最古老的是这座据说始建于元代的冀氏老宅，它的院落显得宽阔，风格简朴。

现在平遥普通的民居住宅大都为清代所建。自清朝中叶以后，平遥的工商业发达，许多居民都富裕了起来，城内也汇集了不少富商和地主们较大的宅院。近年来许多古民居由于年久失修而破败不堪，特别是随着人口的增长大部分院落增加了几倍的居民，更显得杂乱破旧。

平遥民居的大门很有特色，有拱券式的，有高而窄的门廊式的，最具特色的是垂花门。

平遥民居中的许多装饰物也留下了各个时代的身影，这是古城中唯一保存完整的砖雕神龛，这个院中砖砌的门洞上有罗马钟式样的砖雕。

至今平遥古城仍完好保存着明清两代所建的400多处民居院落。

屹立在东南墙头的这座建筑叫魁星楼。魁星是北斗七星中的第一星，中国道家称它为天罡星，是主宰科举文运的星辰。平遥城墙上3000个用于射击的垛口，72座用于瞭望和贮藏武器的敌楼则象征着中国儒家创始人孔子周游列国讲学时的三千门徒、七十二贤人。

在古城中和魁星楼遥遥相对的则是祭祀孔子的孔庙，中国人又把孔庙叫作文庙。文庙大成殿大约为公元1163年宋金时期重建，它是中国现存最古老的文庙建筑（现在占据文庙的是平遥中学，这所中学是平遥地区最好的一所学校）。

在大成殿背后的山墙上书写着一个巨大的

“魁”字。据说这里曾放置一面大鼓，只有中了状元的平遥人才能敲响它。尽管平遥没有出过状元，但这并不妨碍在地方戏曲中有许多表现学子历经磨难高中状元的故事。

晋剧《三娘教子》的故事是这样的：一位早年失去父亲的顽皮少年，在继母和老家人严厉的教育下十年寒窗苦读终成状元（晋剧原名叫山西梆子，是流行于晋中地区的地方戏，它的起源现在已经很难考证了）。

这些造型奇特的冷兵器是中国古近代用于战争的武器。近千年来在中国民间一群群身强力壮、掌握搏击技艺的人专门替人武装押解贵重财物并获取丰厚的报酬，这种民间组织被称为镖局。

时间到了19世纪初，远到中国各地的平遥商人们即使付给镖局可观的酬劳也难于保全大量的财产安全到达目的地。当时因为平遥一家颜料庄的分号遍及北方各省便常有同乡客商拜托这家商号就近将自己的现银存入染料庄的分号中，拿着一张证明回到平遥，再从颜料庄的总号提取现银，客商并为此支付一点酬金。雷履泰——颜料庄的大掌柜，他预感到这是一个巨大的商机。雷履泰经过几年的准备，创造出了一整套货币经营的全新买卖方式，即将现银的实物转运改成用一张专门设计的汇票来替代，大量的现银不再随身携带。

公元1823年，雷履泰正式向东家李大全建议将颜料庄生意改成票号，取名“日升昌”。李大全作为投资方出现银30万两，这是他的家族几代经商的积蓄。李大全和雷履泰商定日升昌的一切经营管理权归雷履泰，并给予雷履泰一定比例的原始股。日升昌的主要客户是各种大商号，这些商号凭借一张张汇票不但安全便利地调拨了资金，而且还可以用汇票支付各种款项，从而改变了传统的现金结算方式。这张关键的汇票只有一张，由客户持有，采用认票不认人的汇兑制度。汇票还设立了一套只有票号核心人员才能看懂的、用汉字作符号的密押。票号还实行迟三五日交付的规定，以便丢失票据的人有挂失的时间。每一张汇票都是专人填写，除字迹为内部人所熟悉外，更重要的是不断更换这些密押。时至今日，我们依然难以破译这些暗含玄机的汉字密码。

票号根据路途的长短收取从千分之二三至百分之七八不等的汇费。由于当时交通工具不发达，通常汇款期都很长，票号便利用这段时间以较低的利率向商家放贷、收取利息。票号获利的具体数目现在已无法查找，比较明确的是日升昌大股东李大全当初投入的30万两本金在100年的时间里为李氏家族创造了1500万两白银的红利。

每日各分号及总号的营业情况都交由账房汇总，账房先生总理全号所有的账目，账房并设管账、帮账各一名，分管各类专门的账目。

票号还有一套完整的报告制度，这套制度的核心人物便是信房先生，信房先生多是由科甲中人充当，地位和待遇都很高。每日各分号的报告都是利用信件来完成的，总号每日接受信件达百余封之多，需及时回复的也有几十封。整个票号由大掌柜一人全权管理，设有一两个助手，日常的经营管理是由账房先生汇报当日收支，信房先生汇总各分号经营情况交由大掌柜定夺，具体指示再交由信房转达给各分号。

在日升昌票号的鼎盛时期，总号由十四五人组成，遍布全国的分号有35家，每家有三四人，整个票号系统也不过150人左右。

票号伙计的选择有一套严格的规定，必须是年龄在13～15岁的小男孩，相貌端正，要进行珠算、楷书考试，还要有同乡担保，家世一定要三代清白。入号以后三年学徒只管食宿、没有酬劳。学徒期满后的一定时间内，工钱也不发给本人，而是由票号直接交给他的父母。票号实行终生雇员制，这些伙计成熟以后会被派往各地分号工作，满一定年限后，还会有一些专门设计的人力股。日升昌先后近十位大掌柜，最早都是由小伙计做起的。

清朝时官员调动频繁，经常有大量现银需要转运，这些官员便成为票号最忠实的私人客户。随着票号的全面兴起，无论是政府发放的赈灾银两，还是地方上缴的税收，甚至当时的战争赔款都是由一张张各地政府发出的汇票汇聚京城，在各分号提取现银，直送国库完成的。

19世纪中叶，票号业进入了全盛期，全国的票号绝大部分出自山西省，总共有40多家，其中平遥就占了22家，平遥成了当时中国的金融中心，鼎盛时期几乎控制了中国近一半的流通货币。票号的历史中，从没有发现过用假汇票行骗的事情。也正是由于严格的管理制度才使得后人难以得到一张曾经使用过的汇票，这是我们现在仅见的一张完整的汇票，距今整100年。可能是当时笔误的原因而作废，幸运地得以流传下来。这是日升昌票号当年的往来信札。这个账本记录了道光二十年（即1840年）日升昌票号的部分账目情况，这也是迄今为止所发现的一本最早的票号账本。

19世纪末至20世纪初，中国社会急剧动荡，票号屡次遭受巨大损失，到了20世纪20年代，平遥票号彻底没落了。从1823年首家票号日升昌诞生到就位于它对面的最后一家票号宝丰隆关张，平遥的票号整整存在了100年。

位于平遥古城西南6公里的双林寺，占地1100多平方米。全寺各殿满布彩塑群体，大的3米多高、小的不过十几厘米，共计2050尊，保存完好的就有1566尊，历经六七百年建造完成，在中国被誉为是集宋、元、明、清历代彩塑艺术的宝库。

进入双林寺之后便是天王殿，屋檐之下是四尊高过3米的巨大塑像，被俗称为四大金刚。四大金刚的眼睛是用琉璃珠装嵌而成，显得生动传神，这是中国独具特色的装饰工艺。在一进院落的释迦殿内，佛祖释迦牟尼正中高坐，左右站立的是文殊菩萨和普贤菩萨。整个释迦殿内的四壁布满了彩塑，讲述了从佛祖投胎降生到涅槃成佛的传奇故事。200多尊人物形象身份不同、神态各异，活动于建筑、山石之间，构思、构图绝妙，令人叹为观止。

在一进院当中，还有一座罗汉小殿，内塑十八罗汉。罗汉的意思是值得受世人尊敬的人，古代艺术家们充分发挥想象力和才华，使这些罗汉像成为中国佛教彩塑艺术从程式化向个性化过渡的一个明证，被人们称之为神品。

双林寺二进院中的大雄宝殿是全寺最高大的建筑，因佛祖能降伏各种恶魔又叫大雄。这三尊巨大的佛像皆是佛祖的三种化身。

千佛殿位于大雄宝殿的东侧，殿内彩塑达 500 多尊。主像观音菩萨姿态随意、面相恬静妩媚，是菩萨造像中罕见的迥异之作。而在其身旁护法神韦陀的造像被称为中国第一韦陀。像高 1.6 米，表情和眼神的配合极具动感，产生了一种真正刚劲有力的武士之美，是双林寺中最杰出的彩塑品。四壁周围 500 多个彩塑菩萨表现出丰富多彩的佛国圣景。

与千佛殿相对的菩萨殿，主像是千手千眼观音。在中国人们的心目中，观音菩萨最能体恤民间疾苦，所以最具亲和力。她的形象更像一名民间美丽雍容的少妇，生出千手千眼去普救众生。

位于平遥古城东北 12 公里之处，还矗立着一座引人注目的寺庙，名叫镇国寺。镇国寺始建于公元 963 年，后历经了中国各个朝代的修缮。整座寺院坐北向南，两进院落，面积近 13000 平方米。

这座始建于 1000 多年前的万佛殿完整地保持了中国唐朝的建筑风格，它的最大特征是整个殿宇近似正方形，屋顶庞大，屋檐如展翅欲飞的双翼，显示出一种雄伟壮观的气象，它是迄今为止中国所发现的最早的木结构建筑之一。在万佛殿内有 11 尊彩塑，刻画的是佛和他的弟子们。这些塑像是中国寺庙中现存的公元 10 世纪时期的唯一彩塑作品，堪称国宝。二进院中的三佛楼创建于明代，至今保留着 37 尊彩塑、52 幅壁画的原貌。这些佛像和四尊菩萨造型优美、仪态自然，是典型的中国明代（即公元 14 世纪）的作品。两旁山墙壁上的壁画集山水、花鸟、人物于一体，用连环画的形式、古朴的绘画手法精心地描述了佛祖非凡的一生。这棵古槐树至今已有 1000 多年的历史，它与世代僧人相伴，长得虽没三米之高，却造型奇特，是镇国寺内的奇景之一。

平遥地处中国北方传统的农业区域之中，属温带大陆性气候，冬季寒冷少雨，夏季炎热多雨，主要的农作物是小麦、高粱和玉米，有农田近 80 万亩。至 20 世纪末粮食基本上能够自给。

在古城中一半多的人口依然还保持着农民的身份，但他们早已没有了用于耕种的土地，大部分人经营着各种小买卖，成为古城中个体经营者的主流。

生活按照惯常的节奏在有条不紊地进行着，各种声音在古城的街道中回响。

生命是一种鲜活而生动的真实。

文物春秋：再说长城（2009）

《文物春秋——2009文物工作纪事》是2009年中国教育电视台播出的19集电视系列纪录片。由北京中视得润国际传媒广告有限公司摄制，国家文物局、中国文物信息咨询中心、中国教育电视台联合出品。《再说长城》是第6集，时长20分钟。总导演：周俊，刘俊廷；本集编导：王涛。

内容简介：

甘肃省山丹县农民姜有玉被国家文物局评为全国优秀长城保护员，他在务农之余，尽心尽力保护长城。

2009年，姜有玉配合国家文物局长城资源调查队开展调查，此次调查，不仅调查长城的长度，还调查长城的附属设施、相关遗存、周边环境及保护管理情况。这次长城资源调查，是国家文物局自2006年开展的长城保护工程的内容之一，被称为摸清长城家底行动。

纪录片《文物春秋：再说长城》画面

纪录片《文物春秋：再说长城》画面

2007年5月，长城资源调查作为一次国家行动全面铺开，12月1日，国务院发布的《长城保护条例》开始实施，这是第一次为一个单项文化遗产制定的专项法规，开创了文物专项立法的先例。

中国文物专家罗哲文见证了新中国长城保护的每一个历史阶段。1952年，政务院副总理郭沫若提出“维修长城，向国内外开放”的意见，新中国保护长城的帷幕由此拉开，罗哲文接受了这个任务。1987年，长城被联

辽宁虎山长城

警后世

纪录片《文物春秋：再说长城》画面

合国教科文组织整体列入世界遗产名录，罗哲文参与了整个过程。1984 年 9 月，邓小平提出了“爱我中华，修我长城”的口号，掀起了保护长城的热潮，罗哲文见证了这个过程。

2008 年 7 月，杨万荣带领的长城资源调查队找到多处明长城遗址，填补了甘肃明长城黄河以东部分的空白。

2009 年 4 月 18 日，国家文物局和国家测绘局联合宣布：辽宁虎山为明长城的新起点，改写了山海关是明长城的东端起点的历史。调查结果精确显示，明长城东起辽宁虎山，西至甘肃嘉峪关，总长度为 8851.8 公里。

2008 年 6 月底，山海关长城保护工程全面竣工。专家认为，山海关长城保护工程是新中国成立以来长城保护工程的典范和优秀样本。

与修复长城相比，建立保护长城的观念更为重要和艰难。河北省秦皇岛市卢龙县桃林口村村民的房屋、院墙等全部用长城砖砌成，被称为“世界上最昂贵的民宅”。为了记住这段不堪的历史，卢龙县特立了一块“知耻”碑，以此明耻辱，警后世。

整部专题片梳理了新中国珍视和保护长城的重大历史事件，主要是呼吁人们树立保护长城的观念。

专 题 片

五、孟姜女题材

孟姜女的新发现（2006）

《孟姜女的新发现》是2006年12月10日由中央电视台第4套中文国际频道《走遍中国》栏目推出的国家非物质文化遗产系列专题片的样片，由中央电视台摄制，淄博市委宣传部、淄博市委外宣办联合拍摄，时长25分钟。

专题片《孟姜女的新发现》画面

内容简介：

《孟姜女的新发现》主要是围绕“孟姜女哭长城”的故事，到山东省淄博市实地考察，探讨故事发生的地点、背景及原因，为广大观众还原了最接近历史真实的孟姜女哭长城的故事。

一、孟姜女哭长城的经典传说

传说孟姜女是秦代女子，刚结婚不久丈夫就被秦始皇抓去修长城，一走就是半年。孟姜女日思夜盼，却没有一封书信回来。天渐渐转凉了，于是她打点行装，不远千里为丈夫送寒衣。翻山越岭，找到丈夫所在的山海关时，却听说丈夫早就累死在这里了。孟姜女想到自己上无父母，下无子女，又失去了丈夫，痛不欲生，于是哭了三天三夜，这时上天也被感动，她身边的一段秦长城轰然崩塌，她也投海自尽了。

二、孟姜女哭长城的另一个版本

山东省淄博市博山区源泉镇流传着这样的孟姜女传说：孟姜女本是战国时齐国的皇族，她的丈夫是齐国勇士，在一次和莒国战役中不幸战死。这样的勇士本应厚葬，但当时国君齐庄公却以连日阴雨路不好走为由，下旨在齐长城南门外草草埋葬了他。孟姜女愤慨痛哭，七天七夜后，身边长城倒塌，她也投入淄河殉情。

三、长城为何能被孟姜女哭倒

韩克新认为不是所有的长城都坚固，因

为当时强行征劳力修长城，人们不敢公然反抗，就消极怠工，尤其在地形复杂险要的地方质量就不高，而当时孟姜女哭了七天七夜，恰巧又是连绵阴雨，因而滑坡是很有可能的。马传政也认为，墙垒的插缝直缝不一，直缝容易塌，而当时仓促施工，又缺乏有经验的工匠，必定会出现大量的“豆腐渣”工程。剧组找到了一段齐长城的遗址，发现建筑用的石头粗糙不规整，又没黏结材料，因而出现质量不高是正常的。

四、孟姜女哭长城的地点

《礼记·檀弓》：“齐庄公袭莒于夺，杞梁死焉，其妻迎其柩于路，而哭之哀。”史料记载：孟姜女闻丈夫阵亡后，奔波数日来到齐国南门外迎接丈夫的灵柩，却遇到瓢泼大雨，齐庄公便下旨就地安葬。她气愤不已，因为在那个时代死后不能回到故土安葬是人生最大的遗憾，而在城门口荒郊野外的悼唁则对亡灵非常不敬。孟姜女悲痛欲绝地扶着丈夫的尸体哭了七天七夜，她身边的长城轰然倒塌，她也投入淄河而亡。韩克新和马传政根据史料认为孟姜女哭长城的地点在淄博博山区源泉镇，因为此地有长城有水，而水流又凶猛，满足孟姜女哭倒长城后投水而亡的条件。蒋则君则认为遗迹在博山的一条大街上，还有人认为在城子村。总之，众说纷纭。

五、孟姜女哭长城传说存在的原因

韩克新认为：故事发生在齐庄公时期，齐庄公性情暴虐，刚愎自用，他很想建立像齐桓公那样的霸业，但性格的局限性让他屡战屡败。于是强行征兵，而且动用大量民工修筑长城。孟姜女哭长城的传说表达的是老百姓希望齐庄公的江山社稷能像长城那样塌陷，好另立国君实现齐国的昌盛。

六、孟姜女哭长城的传说为何嫁接到了秦国

韩克新认为：秦国灭齐国是毁灭性的，几乎把齐国的故都临淄夷为平地，不仅毁掉了全部有形的东西，更重要的是毁掉了齐国800多年的文化。齐国人对秦国的憎恨不言而喻，把许多能够诋毁它的东西嫁接过来发泄对秦国的不满，因此，把哭齐长城的传说嫁接到哭秦长城也就是顺理成章的事了。

七、孟姜女哭长城的深远影响

孟姜女的一哭无疑是世界历史上最震撼人心的一哭，在政治家看来，它摧毁了齐国和秦国两个强国的政权；在哲学家看来，它捍卫了忠义节孝的儒家传统；在老百姓看来，它则是夫妻至爱忠贞不渝的表现，因此它成为中国最重要的文化遗产也就不足为奇了。

该专题片以最接近孟姜女传说本源的传说故事，在种种解读中，试图还原历史真实的努力，值得肯定。

专题片《孟姜女的新发现》画面

寻找孟姜女（2007）

《寻找孟姜女》是2007年12月8日和9日由中央电视台第10套《探索·发现》栏目播出的专题片，分为上下两集，每集时长35分钟。

专题片《寻找孟姜女》画面

内容简介：

寻找孟姜女（上）

《寻找孟姜女》上集主要探讨孟姜女哭长城故事的演变历程。包括三个部分：第一部分讲述孟姜女姓名的演变过程；第二部分讲述杞梁姓名的演变过程；第三部分剖析孟姜女哭长城故事转变的原因。

孟姜女哭长城的故事在中国几乎是家喻户晓。故事说的是：中国历史上第一位皇帝秦始皇，为防御外敌的入侵，下令在北方大规模修筑长城，强征无数民夫前去服苦役。新郎范杞梁被征之后，因饥寒劳累而死，尸骨被埋进长城墙内。他的妻子孟姜女背着做好的棉衣千里迢迢来寻找丈夫。当她得知丈夫已不在人世，便坐在城墙边大哭了三天三夜，八百里长城竟在哭声中顷刻倒塌，露出了丈夫的尸骸。孟姜女重新埋葬了丈夫，独自一人走到大海边，投入了万里海涛。

我国学术界（以顾颉刚为代表）认为：孟姜女哭长城的故事纯属民间传说，绝无其人其事，这个故事有一个长期的演变过程。

一、孟姜女姓名的演变过程

据《左传》记载：春秋时期，齐庄公五年，也就是公元前550年，庄公为报六年前平阳战役之仇，亲率大军远道偷袭晋国，因晋国

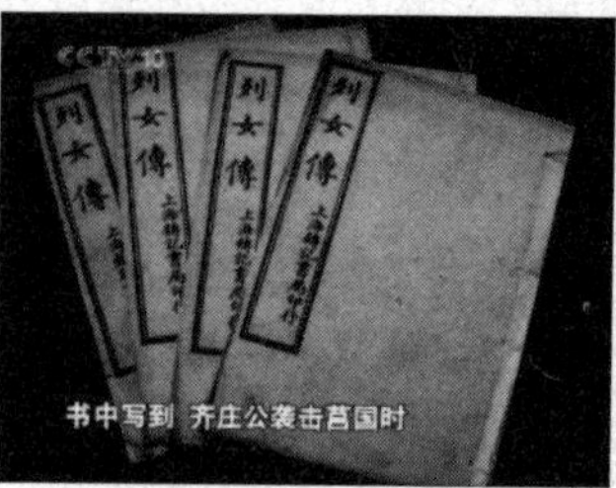

专题片《寻找孟姜女》画面

有所防范，无功而返。回军途中，又顺路偷袭莒国，杞梁作为齐军先锋战死于莒国都城且于门下。

庄公回来，在临淄郊外遇见杞梁之妻，想就地祭吊杞梁。杞梁之妻不以为然，对庄公说道：“如果杞梁有罪，则不必祭吊，如果无罪，则他有家有室，我不能在郊外接受您的祭吊。”庄公认为她说得有道理，就前往她的家里举行了吊唁。

这就是《左传》所记载的孟姜女生活原型杞梁妻的全部内容，这段记述里并没有孟姜女的影子。

战国中期，《礼记》中的《檀弓》一文中曾子曰：“齐庄公袭莒于夺，杞梁死焉。其妻迎其柩于路，而哭之哀。庄公使人吊之。”顾颉刚在《孟姜女故事的转变》中认为，“哭之哀”三字添上了浓重的感情色彩，以后的故事都是从“哭之哀”三字上演变出来的。

在稍后的《孟子》一书里，又出现了“杞梁之妻善哭其夫而变国俗”的说法。

第一个提到崩城的人是西汉后期的文学家刘向，他在其《说苑》的《立节篇》中明确提到“哭城”的故事：“杞梁战而死，其妻悲之，向城而哭，隅为之崩，城为之阤。”到了他的《列女传》中，有了一个完整的故事情节：齐庄公袭击莒国时，杞梁不幸阵亡。其妻无子，也无五属之亲，于是枕着丈夫的尸体在城下大哭，过路者无不为之酸鼻。哭了十日，城墙竟然为之崩塌，她因为无亲可投，也赴淄水而死。

《左传》中的杞梁妻可以视为历史的真实记载，而刘向笔下的杞梁妻却变成了文学形象。孟姜女故事的雏形已经显现。

到了唐朝，故事变化很大，唐朝末年诗僧贯休的一首《杞梁妻》写道：“秦之无道兮四海枯，筑长城兮遮北胡。筑人筑土一万里，杞梁贞妇啼呜呜……”

顾颉刚认为，最早称得上记载一个故事的应是唐代的《同贤记》。唐代《雕玉集》中转录了这个故事：秦始皇时，有一位名叫孟仲姿的女子在自家后花园水池洗澡，恰被逃避劳役的燕人杞良瞧见了玉体。按照封建礼节，不能再嫁别的男人，这位大小姐只好自请与其结为夫妻。以后所发生的故事就和现在的传说基本一致了。

刘半农在敦煌写本中发现了这样的唐末小唱：“孟姜女，杞梁妻，一去烟山便不归。造得寒衣无人送，不免自家送征衣。”杞梁

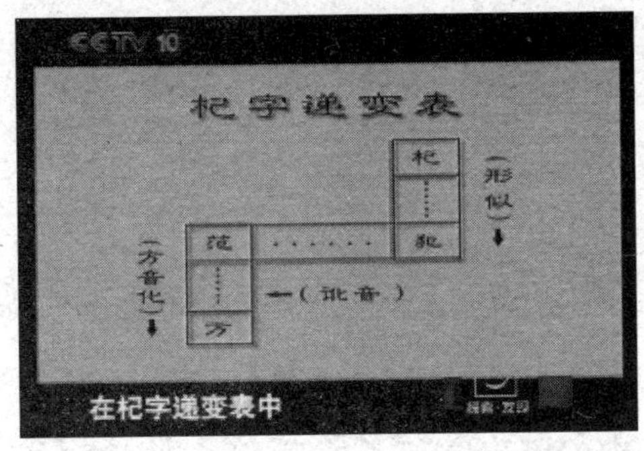

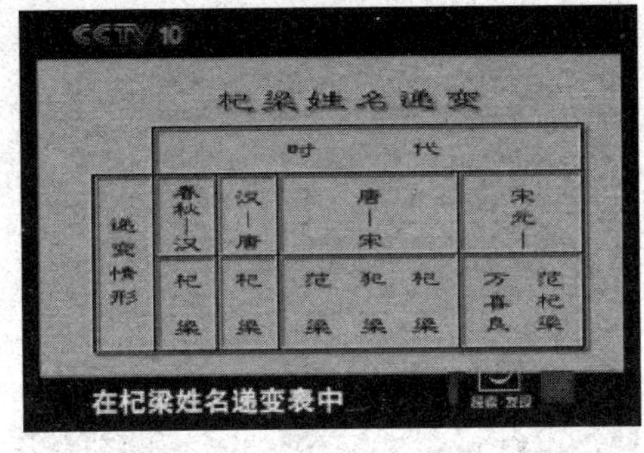

专题片《寻找孟姜女》画面

妻变成了孟姜女。

为什么会给她定名为孟姜女呢？徐北文在《齐长城与孟姜女的故事》中作了令人信服的解释："云谁之思？美孟姜矣。"这是《诗经》中的两句话。宋代理学家朱熹注释道："孟，长也。姜，齐女。"通俗地说，孟姜，按先秦的女子称呼，其名在前，即"孟"，其姓在后，即"姜"。因为最初齐国是姜子牙的封地，因此"姜"姓也就成了国姓，同族之后的后代统统姓姜。"孟"这个字是排行的称谓，老大称"孟"或"伯"，孟姜就是大姜，按现代的习惯称呼就是"姜大姑娘"。

顾颉刚也分析道：孟姜必定是齐国年轻貌美女子的代称，在当时齐国的贵族中，必定有一个名叫"孟姜"的女子，生得十分美丽，可以说是尽人皆知，名震全国。因为她美丽的名气太大了，私名就慢慢变为通名，凡是美女即称她为"孟姜"……正如"西施"本是一个私名，但因为美丽，足以作一切美女的代号，这二字就变成美女的通名了。至此，一个无名无姓的杞梁妻演变成有名有姓的孟姜女。这是阐释学意义上的孟姜女及其姓名的渐渐演化过程。

二、杞梁姓名的演变过程

魏建功就杞梁姓名的递变画了一个表，可以清楚地看出它变化的基本规律。

在杞字递变表中，可以看出，"杞"和"犯"属于形似，"犯"与"范"则为同音之误，而"范"和"万"是方言化的产物；在杞梁姓名递变表中，可以看出杞梁在不同历史时代都有不同的称呼，而名字的变化都源于明显的谐音，比如"杞"与"喜"，"梁"与"良"，等等。尽管名字被变得五花八门，但杞梁却是孟姜女传说故事得以演变的万源之源。

2006年，临淄区文物部门根据县志所标明的方位，在郎家庄以东找到了杞梁墓的确切位置。20世纪80年代，鲁南古城莒县

专题片《寻找孟姜女》画面

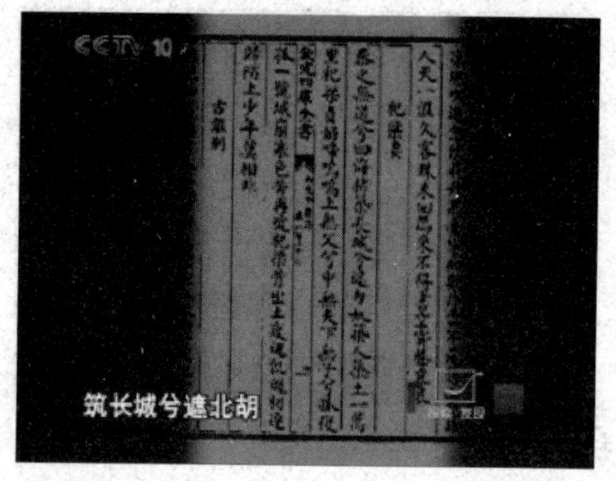

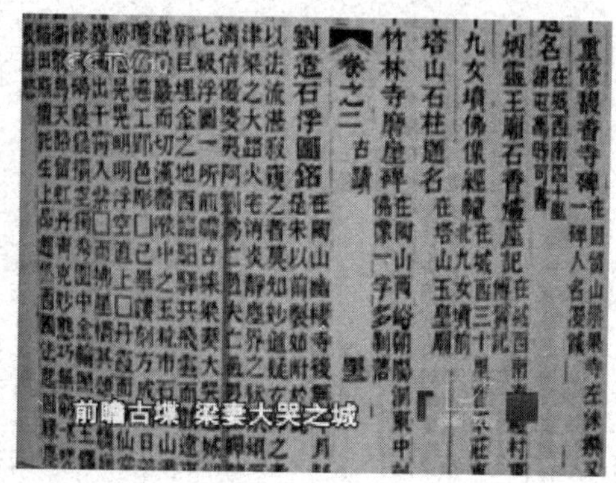

专题片《寻找孟姜女》画面

发现了“且于门故址”碑，对杞梁战死之事是一个有力的佐证。

三、孟姜女哭长城故事转变的原因

为什么会由杞梁妻郊吊亡夫的简单事由转化成孟姜女哭长城的复杂情节呢?

唐代之前的隋朝，隋朝之前的北齐、北周，再往前北魏，大规模修长城，人民忍受不了繁重的劳役之苦，也把心中的不满通过种种方式发泄出来，于是乎，就在汉代杞梁妻哭夫崩城的基础上演绎出了哭倒长城的传说。而之所以把这个故事放在秦朝，是因为秦朝原来就有杞梁妻哭城、哭崩城的传说，与人们愤怒的情绪相融相汇得到了强有力的碰撞，于是，孟姜女哭长城的故事也就应运而生了。

寻找孟姜女（下）

《寻找孟姜女》下集主要讨论两个问题：一是孟姜女哭的是哪个城；二是孟姜女哭的是齐长城还是秦长城。

一、孟姜女哭的是哪个城

关于孟姜女哭的是哪个城有三种观点：一种认为是齐国的都城临淄城；一种认为是杞城；一种认为是莒国城。

顾颉刚认为，杞梁妻哭临淄城是学者们对“哭城之说”的一种观点。淄河从南到北正好从城的东墙下流过，当年齐献公就是因为都城所在地营丘东临淄水，才更名为临淄的。当时临淄城没有东城门，是因为淄河的河堤代替了城墙，大河自然就成为城东的天然屏障。因此说杞梁妻在临淄城下哭夫，然后登上城东的河堤，从这儿投淄河而死是最有可能的了。

东汉末年王充在《论衡·变动篇》中认为杞梁妻哭的是杞城。春秋时山东有个杞国，有人认为杞梁用的杞氏和杞国有关，很可能他是杞国人，在齐国做事。杞梁战死，他妻子到丈夫的生地大哭一场也合情理。杞城原在河南杞县，春秋前迁往山东新泰了。

郦道元在《水经注》卷二十六“沭水”条中说杞梁妻哭的是沭水流经的山东南部的

莒国城。现在在莒国南部仍有一段 700 多米的夯土城墙，专家说这就是莒国的都城遗址，据《左传》记载，杞梁当年就是在这座城下战死的。历史文献上的记述，大致如上所述。

二、孟姜女哭的是齐长城还是秦长城

唐朝末年贯休在《杞梁妻》里明确指出杞梁妻哭的是秦长城。

有人提出“孟姜女哭长城”的故事，准确地点应发生在山东省淄博市淄川区南部的城子和梦泉劈山一带。王颜山认为这是一种合乎情理的推理。因为此地符合故事发生的条件：临近官道，有长城，靠近淄河。

顾颉刚认为杞梁妻哭的是秦长城，其观点是从贯休的那首《杞梁妻》所得。

周郢认为杞梁妻哭的是齐长城。他发现《肥城县志》记载：陶山有一个古代石刻，石刻上有“前瞻古堞，梁妻大哭之城”的铭文。经过考证，此碑立于唐代开元八年（720年）。比顾颉刚举证的贯休的《杞梁妻》要早近 200 年。

张华松也认为孟姜女哭的是齐长城，因为当地百姓经常误把齐长城当作秦长城。

毛泽东也认为：“孟姜女哭长城的故事就发生在济南南部，她哭的是齐长城，不是秦长城。”

孟姜女的故事在中国广为流传，其中，山东淄博、河北秦皇岛、江苏苏州和上海松江、湖南津市以及陕西铜川，被学术界认定为孟姜女传说故事的五大流传区域。

2006 年山东淄博的孟姜女传说被列为国家级非物质文化遗产。

解说词（节选）：

寻找孟姜女（上）

2007 年春节期间，中央电视台综合频道播出了 32 集电视连续剧《秦始皇》，尽管是在午夜播放，但仍赢得了广大观众的热烈欢迎。

在剧中，除了第一主人公秦始皇之外，另一位久违了的、但又被大家所熟知的人物形象也多次在剧中出现，她就是孟姜女。

当孟姜女的名字再次走进人们的视野，一个久远的疑问同样再次被开启：在中国的历史上果真有孟姜女这个人吗？她哭倒长城的故事难道真的发生过吗？

孟姜女哭长城的故事在中国几乎是家喻户晓。

它是我国四大民间传说故事之一。

故事说的是：中国历史上第一位皇帝秦始皇，为防御外敌的入侵，下令在北方大规模修筑长城，强征无数民夫前去服苦役。新郎范杞梁被征之后，因饥寒劳累而死，尸骨被埋进长城墙内。他的妻子孟姜女背着做好的棉衣千里迢迢来寻找丈夫。当她得知丈夫已不在人世，便坐在城墙边大哭了三天三夜，八百里长城竟在哭声中顷刻倒塌，露出了丈夫的尸骸。孟姜女重新埋葬了丈夫，独自一人走到大海边，投入了万里海涛。

后来，人们在传说她投海处的山海关附近建起了姜女庙，海中的两块礁石也被后人形象地称为姜女坟，她的名字世世代代被流传了下来。

对这个传说故事的来历，我国学术界有着长期的研究，并不断有新的研究成果问世。综合这些研究的成果，可以得出这样一个结论：孟姜女以及哭长城的故事纯属民间传说，绝无其人其事。但是有一点可以确定，这个故事的产生并非偶然。

《左传》，也称《左氏春秋》，作者是春秋时期的左丘明，是记载中国春秋时期历史的编年史书，它的取材范围包括王室档案、诸侯国史等，多用事实解释春秋，是儒家重要经典著作之一。

那么，《左传》里对此是怎样说的呢？

据《左传》记载：春秋时期，齐庄公五年，也就是公元前550年，庄公为报六年前平阳战役之仇，亲率大军远道偷袭晋国，因晋国有所防范，无功而返。回军途中，又顺路偷袭莒国，杞梁作为齐军先锋战死于莒国都城且于门下。

庄公回来，在临淄郊外遇见杞梁之妻，想就地祭吊杞梁。杞梁之妻不以为然，对庄公说道："如果杞梁有罪，则不必祭吊，如果无罪，则他有家有室，我不能在郊外接受您的祭吊。"庄公认为她说得有道理，就前往她的家里举行了吊唁。

文章中记述的莒国城也就是现在山东省的莒县城，而临淄则是山东省淄博市的一个区，春秋时曾为齐国都城。

这就是《左传》所记载的所谓孟姜女生活原型杞梁妻的全部内容，从短短百余字的记述中，可以看出齐国将军杞梁的妻子是一位恪守礼法且有着一定身份的女子。然而，人们从这段记述里并没有发现孟姜女的影子，它与流传的孟姜女哭长城的故事根本不是一回事。

事实是，杞梁妻演变为孟姜女是经历了一个漫长的过程，而顾颉刚先生之所以对孟姜女传说产生研究的兴趣，就是因为他十分惊讶于这个演变的过程。

根据顾颉刚先生以及我国众多民俗学大家多年的研究，答案基本一致：人物的转换就在于故事的流传中有人添枝加叶、捕风捉影。

庄公袭莒、杞梁战死是公元前550年的事，这在当时成为一个故事在民间流传，当然也常有文人把它写进自己的文章里。

过了200年，到战国的中期，《礼记》中的《檀弓》一文所记曾子的话中也提到了这件事。曾子曰："齐庄公袭莒于夺，杞梁死焉。其妻迎其柩于路而哭之哀。庄公使人吊之。"

顾颉刚先生在《孟姜女故事的转变》一文中说道：这一段话较《左传》所记的没有什么大变动，只增加了"其妻迎其柩于路而哭之哀"一语。但这一语是极可注意的。它说明杞梁妻到郊外为的是迎柩，在迎柩的时候哭得很哀伤。《左传》上说的单是礼法，这书上就涂上感情的色彩了。这是很重要的一变，古今无数孟姜女的故事都是在这"哭之哀"三个字上演变出来的。

曾子的一句"哭之哀"，可能成了最早关

于杞梁之妻哭夫的记载，在稍后的《孟子》一书里，又出现了“杞梁之妻善哭其夫而变国俗”这样的说法，使得我们知道杞梁妻是一位善哭的人，而当时的齐国人也都喜欢学她的哭调，成了一时的风气。

哭长城是孟姜女故事的核心内容，一个哭字，拉近了杞梁妻与孟姜女的距离，但至今仍未出现“哭城”和“哭倒城”的说法。所以说杞梁之妻的故事中心，在战国以前是不受郊吊，在西汉以前是悲歌哀哭，直到西汉的后期，这个故事的核心终于有了意想不到的突破：崩城之说出现了。

第一个提到崩城的人是西汉后期的文学家刘向，他在其《说苑》的《立节篇》中明确提到“哭城”的故事:“杞梁战而死，其妻悲之，向城而哭，隅为之崩，城为之阤。”

后来，刘向在其《善说篇》中又一次记录了这位杞梁之妻，同样较为简略。可是到了他的《列女传》中，就有了一个完整的故事情节。书中写道：齐庄公袭击莒国时，杞梁不幸阵亡。其妻无子，也无五属之亲，于是枕着丈夫的尸体在城下大哭，过路者无不为之酸鼻。哭了十日，城墙竟然为之崩塌，她因为无亲可投，也赴淄水而死。紧接着，刘向有诗颂道：

杞梁战死，其妻收桑。
齐庄道吊，避不敢当。
哭夫于城，城为之崩。
自以无亲，赴淄而薨。

从以上演变的故事可以看出，刘向笔下的杞梁妻与《左传》中的杞梁妻有了相当大的变化。《左传》中的杞梁妻可以视为历史的真实记载，而刘向笔下的杞梁妻却变成了文学形象。但有一点可以肯定，就是关于杞梁妻故事的演变，越来越接近如今流传的孟姜女的故事，也可以说孟姜女故事的雏形已经显现。

从西汉末年刘向《列女传》的问世，直到六朝末年，这段长达600多年的里头，这件故事的中心——崩城——并没有改变，这离孟姜女哭长城的故事仍然有相当大的距离，为什么这么说呢？因为在这里头，杞梁夫妇仍旧是春秋时的齐国人，而并非战国以后的秦朝人，更没有提到秦始皇修长城和她（杞梁妻）哭长城的事。

然而，谁知到了唐朝，这个故事竟大变了！唐朝末年诗僧贯休的一首《杞梁妻》真可谓改朝换代、石破天惊了！

秦之无道兮四海枯，筑长城兮遮北胡。
筑人筑土一万里，杞梁贞妇啼呜呜。
上无父兮中无夫，下无子兮孤复孤。
一号城崩塞色苦，再号杞梁骨出土。

顾颉刚先生认为，最早称得上记载一个故事的应是唐代的《同贤记》，但现在已经看不到它的原本了。倒是在唐玄宗天宝六年，也就是公元747年的抄本《雕玉集》中，转录了《同贤记》中的有关记载。

由书中的记载，我们得知，秦始皇时，有一位名叫孟仲姿的女子在自家后花园水池洗澡，恰被逃避劳役的燕人杞良瞧见了玉体。按照封建礼节，不能再嫁别的男人，这位大小姐只好自请与其结为夫妻。以后所发生的故事就和现在的传说基本一致了。

那么，杞梁妻怎么就能变成孟姜女了呢？

1925年1月11日，远在法国巴黎大学学习语音学的刘半农写信给顾颉刚先生，信中说道："在《歌谣》六十九号中看见你的《孟姜女》一文的前半篇，真教我佩服得五体投地。你用第一等史学家的眼光与手段来研究这故事；这故事是二千五百年来一个有价值的故事，你那文章也是二千五百年来一篇有价值的文章。"

刘半农随信复上了他在巴黎国家图书馆所藏敦煌写本中，抄到的几首唐末的小唱，其中有唱词写道：

孟姜女，杞梁妻，一去烟山便不归。

造得寒衣无人送，不免自家送征衣。

顾颉刚在以后的文章里说道：半农的这封信使我狂喜，他把宋以前的小唱从海外找了出来！自此之后，"孟姜女"这一名称便永远坐实了。

那么，人们为什么会给她定名为孟姜女呢？

著名史学家、教育家，山东省已故的徐北文先生，多年从事齐长城和孟姜女故事的研究，他在《齐长城与孟姜女的故事》一文中，对此作了令人信服的解释：

"云谁之思？美孟姜矣。"这是《诗经》中的两句话。宋代理学家朱熹注释道："孟，长也。姜，齐女。"通俗地说，孟姜，按先秦的女子称呼，其名在前，即"孟"，其姓在后，即"姜"。因为最初齐国是姜子牙的封地，因此"姜"姓也就成了国姓，同族之后的后代统统姓姜。"孟"这个字是排行的称谓，老大称"孟"或"伯"，孟姜就是大姜，按现代的习惯称呼就是"姜大姑娘"。

顾颉刚先生在他的文章里也分析道：孟姜必定是齐国年轻貌美女子的代称，在当时齐国的贵族中，必定有一个名叫"孟姜"的女子，生得十分美丽，可以说是尽人皆知，名震全国。因为她美丽的名气太大了，私名就慢慢变为通名，凡是美女即称她为"孟姜"，不必再加形容，已经说明得很清楚了。正如"西施"本是一个私名，但因为美丽，足以做一切美女的代号，这二字就变成美女的通名了。

历史故事的演化有时真的是莫名其妙，甚至让人啼笑皆非。就拿孟姜女来说吧，她的名字是由一个无名无姓的杞梁妻演变出来的，但出人意料的是，作为她的丈夫、原本有名有姓的齐国大将军杞梁却在故事演变的过程中变得面目全非了。

原北京大学副校长、著名语言文字学家魏建功早在上个世纪20年代，看了顾颉刚关于孟姜女故事转变的文章后，给顾先生书信一封，就杞梁姓名的递变谈了自己的看法，他还非常形象地画了一个表，从这个表中，可以清楚地看出它变化的基本规律。

在杞字递变表中，我们可以看出，"杞"和"犯"属于形似，"犯"与"范"则为同音之误，而"范"和"万"是方言化的产物；在杞梁姓名递变表中，可以看出杞梁在不同历史时代都有不同的称呼，而名字的变化都源于明显的谐音，比如"杞"与"喜"，"梁"与"良"，等等。

尽管名字被变得五花八门，但杞梁却是孟姜女传说故事得以演变的万源之源，可以说，没有他的战死也就没有杞梁妻的哭夫，就更没有孟姜女的传说故事了。

杞梁战死之后，他的遗体被运回齐国，埋葬在临淄城的郊外。据《临淄县志》记载：杞梁墓在临淄城东1.5公里的郎家庄附近。然而，墓的封土却在1967年整地时被推平了。

2006年，临淄区文物部门根据县志所标明的方位，在郎家庄以东找到了杞梁墓的确切位置。目前，临淄区文物局已经完成了修复杞梁墓、新建姜女祠的规划，不久即可动工。

更令人高兴的是，在杞梁墓被找到之前，在鲁南古城莒县，一件与杞梁当年战死有关的发现，也给了人们意想不到的惊喜。

据《左传》记载，杞梁于公元前550年齐庄公率军攻打莒国时战死在莒国城且于门下。莒县博物馆的老馆长苏兆庆，小时候在城墙的西北角还真看到过且于门故址碑，那块石碑不是很大，就立在古城墙边，但后来就去向不明了。直到上个世纪80年代，有同事跑来告诉他：一位老乡发现了那块石碑的下落。

在城墙附近的一个菜园里，他们找到了这块碑。因为石碑被用来砌了井口，向外的一端在井绳长期的摩擦下，已变成了圆弧形，石碑有字的一面是朝下的，所以很难被发现。当他们慢慢擦去石碑上的泥土，“且于门故址”五个大字果然渐渐显露了出来！激动万分的老馆长把它当成了宝贝，珍藏在莒县博物馆里。

“且于门故址”碑的发现，对杞梁战死之事，无疑又是一个有力的佐证。

至此，孟姜女哭长城故事演变的过程已非常明了，人们看到了故事由点滴到完整、由简单到复杂不断转化的轨迹，知道了孟姜女名字的由来。然而，故事的演变自然会让人生出又一个疑问，也就是为什么会由杞梁妻郊吊亡夫的简单事由转化成孟姜女哭长城的复杂情节呢?

杞梁妻哭崩长城的最初的记载，是唐代。可是唐朝并不修长城，那么唐代这个传说已经成型了，这证明在唐朝之前这个传说有一个产生、发展、演变的过程，而唐朝之前的这几个朝代，隋朝，隋朝之前的北齐、北周，再往前北魏，大规模修长城，人民忍受不了这种繁重的劳役之苦，也把心中的不满给发泄出来，于是乎，就在汉代杞梁妻哭夫崩城，这个城，是都城，在这个基础上，就演绎出了哭倒长城的传说。

从哭都城到哭长城，是根据人们的精神需要而逐步演变的，故事的主题思想也有了明显的反暴政、反徭役的倾向。然而，有那么多朝代修长城，为什么单单把它放到秦朝呢？

春秋战国时期，不少诸侯国为保自家安全，纷纷在边境上修筑长城，像齐国、赵国、燕国、秦国等，给人民带来深重的苦难。

秦朝刚一建立，秦始皇为确保统一之后的中国抵御北方之敌的入侵，下令在北部边境修建长城。长城西起临洮，也就是今天甘肃省南部的洮河边，东到辽东，也就是山海关，绵延上万里，工程十分浩大。修筑这座长城，用了整整5年时间，征调的民夫不计其数。从这以后，又有多少个朝代续修长城，全国性的横征暴敛，多少人妻离子散，家破人亡？人们在怒火难平的情况下，必然要通过一个载体来宣泄心中的不满，恰巧原来就有的杞梁妻哭城、哭崩城的传说，与人们的这种情绪得到了强有力的碰撞，这样，孟姜女哭长城的故事也就应运而生了。

顾颉刚先生关于孟姜女哭长城故事转变的研究成果，得到了广大致力于民俗学研究学者的高度评价和认可，其中不乏国内外知名学者。

然而，有一个问题，也是至今人们仍在争论的问题，却时常给研究学者们带来困惑，这个争论其实是大家都十分熟悉的情节，这就是“哭城”。也就是说，孟姜女究竟哭的是什么城？是城还是长城？假如是城，那是哪里的城？假若是长城，又究竟是哪个长城呢？

1925年5月28日，继《孟姜女故事的转变》发表半年之后，顾颉刚先生又在当时的北京大学《歌谣周刊》上，发表了《杞梁妻哭崩的城》一文。

杞梁妻哭崩城的说法，是在汉代刘向的《烈女传》中第一次出现的，然而，刘向所说的杞梁妻枕着丈夫的尸体在城下而哭，但并没有说是哪个城，这就必然会引起人们的猜测。那么，刘向笔下的这个城究竟应在何处呢？

寻找孟姜女（下）

孟姜女哭长城的故事，从《左传》里短短的几句话演变而成，前后经历了1000多年。

尽管学术界对这一转变过程没有太多异议，然而，围绕着孟姜女究竟应该哭的是什么城的争论，却始终没有停止过。

其实，尽管《左传》里并没有杞梁妻哭夫，更没有哭城的记载，但是杞梁妻在听到心爱的丈夫不幸殉国的噩耗之后，肯定会悲痛欲绝。因此，汉代的刘向才有了杞梁妻枕着丈夫的尸体在城下恸哭、城墙为之崩塌、然后投淄水而死的记述。

然而，刘向并没有说明这个城是哪里的城，它必然要引起人们的种种猜测。

杞梁妻临终所跳入的淄水，就是今天山东淄博境内的淄河，它发源于淄博市南部的博山区，而后北上，流经淄川、临淄两区，最后从东营进入渤海。它几乎穿越了淄博南北，全长122公里，是淄博境内最长的一条河流。

据刘向的记述，杞梁妻是枕着丈夫的尸体在城下恸哭，而后又投淄水而死的，因此，人们自然会产生一个推测：这个城应该距离淄河不会太远。

这是齐国都城临淄城保留下来的一段夯土城墙，2500多年的沧桑岁月留给它太多的沉重记忆。当时临淄城有内外大小两个城，史称“三里之城，七里之廓”。

淄河从南到北正好从城的东墙下流过，当年齐献公就是因为都城所在地营丘东临淄水，才更名为临淄的。

据说，那时临淄城没有东城门，是因为淄河的河堤代替了城墙，大河自然就成了城东的天然屏障，而且那时的淄河水流很大，尤其是城东的一段水很深。因此说杞梁妻在临淄城下哭夫，然后登上城东的河堤，从这儿投淄河而死是最有可能的了。

顾颉刚认为，杞梁妻哭临淄城是学者们对“哭城之说”的一种观点。而在东汉末年王充的《论衡·变动篇》中，竟又说杞梁妻哭的是杞城。

先秦的时候，姓和氏是有区别的，女的用姓，男人呢，用氏，杞梁这个杞，它应该是一个“氏”，因为春秋的时候，我们山东就有一个杞国，杞梁肯定和杞国有关系，很可能他是杞国人，在齐国做事。

杞梁战死，他的妻子到丈夫的生地大哭一场，似乎也在情理之中。那么，这个杞城又在哪里呢?

顾颉刚起初研究的结果实在是出人意料，它竟然是远在千里之外的雍丘，也就是现在的河南省杞县。

有资料表明，杞国在西周时的确是在雍丘。但是，那个年代杞梁妻到这里哭城几乎是不可能的。

时隔不久，顾颉刚终于又有了新的发现，原来，杞国在春秋前已经从河南迁往山东了。

1999年10月11日，全国首届杞文化学术讨论会在山东省新泰市召开，与会的专家学者根据有关历史文献以及自清代以来在新泰境内出土的大量杞国文物，认为新泰曾是杞国北迁之后的国都是没有问题的。

新泰地处泰山东南方向，这与顾颉刚所研究的杞国始迁到莒国与齐国之间的结论正相符合，但杞梁与此时的杞国应该是没有关系的。

在文人的笔下，杞梁妻所哭的城已有了淄城和杞城之说，但这两地都在山东省的中部，而且相距比较近。

然而，到了北魏，郦道元却把杞梁妻所哭的城从山东中部“搬”到了山东的南部。他在《水经注》卷二十六“沭水”条中说，杞梁妻所哭之城是沭水流经的莒国城。

在莒县城的南部，现在仍然保留着一段大约700多米的夯土城墙,看上去有六七米高，顶部宽约8米，经专家鉴定，它就是春秋时期莒国的古城墙遗址，并且据《左传》记载，杞梁当年就是在这座城下战死的。

然而，莒国城在鲁南，临淄城在鲁中，两地相距200多公里，在当时的情况下，杞梁妻到莒城哭夫再返回淄河投水似乎不太可能。

到此为止，杞梁妻所哭的城已经出现了临淄、杞国、莒国三处，地点固然不同，但总在山东省的东部，并没有离开这个故事的原始路线。

然而到了唐朝，这件故事就大变了，时代变了，地域也变了。唐朝末年诗僧贯休的一首《杞梁妻》中唱道:“秦之无道兮四海枯，筑长城兮遮北胡。筑人筑土一万里，杞梁贞妇啼呜呜。”

他竟把这位齐国女子一下子搬到了300年之后的秦朝，搬到了中国北方秦长城下。

从此以后，她的哭崩长城的故事就再也没有改变过。

一说起长城，人们很容易联想到秦始皇时修的秦长城，也就是“万里长城”。其实在春秋战国时代，不少国家就有了修长城御敌的做法，而最著名的当属齐国修的齐长城。

它西起济南长清孝里镇的黄河岸边，东至黄海之滨的青岛黄岛于家河村入海，蜿蜒于山东中部泰沂山区的脊背之上，全长600多公里。

我们已经知道了孟姜女是流传于民间的、根据人们的意愿不断加工塑造而成的一个艺术形象。那么，研究她究竟哭的是哪个长城，就理应首先弄清楚她的生活原型杞梁妻哭的是哪个长城。

我们前面叙述的关于杞梁妻所哭长城最早的记述，是唐朝末年诗僧贯休的一首《杞梁妻》，它明确指出了杞梁妻所哭的是秦长城。

著名语言文字学家魏建功在给顾颉刚的信中，也明确提出了自己的观点，他说：原来齐鲁之边也有城墙，或者就说是长城，这传说中长城的来历，恐怕是由“杞崩城隅”的“城”字上牵连来的，而“杞崩城隅”的城恐怕又是由齐鲁的边城的实物得来的。

其实，在淄博市的博山、淄川和沂源三个区县就保存有近100公里的齐长城遗址，这些地方同样也都有孟姜女的传说故事。

2006年5月，当地媒体曾就孟姜女哭夫投江处发生过一次争论，争论源自有人提出“孟姜女哭长城”的故事，准确地点应发生在城子和梦泉劈山一带。

城子村位于淄博市淄川区的南部，距离齐都临淄约50公里。城子地处淄河上游，它原是齐国南北通道上的一处重要关隘，曾经建有规模很大的兵营。在它周围的山上，有很多齐长城的遗址。

梦泉劈山位于城子村的东南方，两地相距大约3公里，这座山海拔大约800多米，山下的这条南北大峡谷是春秋时期的一条官道。

梦泉劈山上的这两块大石平台，当地人称为孟梁台。相传孟姜女曾与杞梁在此相会。离它不远处就有姜女传说的遗迹和近年发现、保存较为完整的齐长城。相传当年孟姜女就是在这里痛哭战死的丈夫杞梁，在哭倒了眼前的齐长城后，顺势跳进了山下的淄河而死。

民俗专家王颜山先生认为，这种观点是一种符合情理的一种推理。那么，孟姜哭城、杞梁妻哭城必须有三个条件，第一它必然临近官道，第二它必须有长城，第三它必须靠近淄河，也就是淄水。那么这个地方恰恰符合这样的条件，具备这三个条件，况且，它附近就有城子这个地方，这就是当年齐国驻军的兵营。那么，齐国大将军杞梁战死以后，由南边官道运来，在这里停放，是完全合乎逻辑的一种推理。

在符合故事发生情景的若干条件下，这种想象不仅合情合理，而且更容易被大家所接受。

顾颉刚关于杞梁妻哭秦长城的观点是从文献研究中得到的，他认为最早说明这一观点的是唐朝末年诗僧贯休的一首《杞梁妻》，它明确指出了杞梁妻所哭的是秦长城。

如果说杞梁妻确实哭的是齐长城，那么，是否会有这方面的文字记载呢?

2003年，泰山脚下一位青年学者的意外发现，竟然使这场旷日持久而且难有结果的争论出现了转机。

周郢，是山东省泰安市泰山学院泰山研

究中心年轻的副研究馆员，他的有关泰山文化的多篇学术论文，由于视角独特、观点新颖曾经引起过中外学者的关注。

近年来，异常活跃的齐长城和孟姜女研究同样使他产生了浓厚兴趣。在众多泰山古籍史料中，他不断地捕捉到了很多令人欣喜的线索。

一天，在阅读《肥城县志》时，有一句话竟然使他惊喜万分。

周郢说：《肥城县志》记载陶山有一个古代的石刻，在这个石刻上有“前瞻古堞梁妻大哭之城”的记载。“前瞻古堞”显然是指的陶山附近的齐长城，“梁妻”显然指的就是传说中的杞梁妻了。

陶山位于泰山西麓的肥城市湖屯镇，这两句话出自当地一位民间释教信女阿刘，为给家人祈福，在泰山以西的陶山幽栖寺禅院内，敬造的七级浮屠碑刻铭文。陶山春秋时曾为齐鲁分界线，它的北面就是济南市的长清孝堂山，也是齐长城的起点。齐长城从长清进入肥城北部再东行上泰山。

《肥城县志》卷二《古迹志》记载道：“长城，县北二十里，俗名长城岭，前瞻古堞，梁妻大哭之城”，是说陶山附近的古代城堞，乃是杞梁妻痛哭之所在，而陶山附近之古城，即齐长城之遗存。此文的发现证实了确有杞梁妻哭齐长城的记载，接下来，立碑的年代就显得格外重要了。

从清代杨守敬的《三续寰宇访碑录》中记载，在这个《石浮图铭》的上面是刻有年代的，但它不是刻在碑的正面，而是刻在碑侧，在这个碑侧上，就有四个大字“开元八年”，这四个字可以说是一字千金，它就坐实了这个碑的准确的刻立年代，也从而坐实了记载着杞梁妻这个故事的一个时代坐标，它比顾颉刚先生举证的贯休那首杞梁妻的诗歌要早近200年。

遗憾的是，这块重要碑刻连同幽栖寺禅院内其他的石碑，在上世纪五六十年代被当作石料，砌进了附近的水坝内。值得庆幸的是，碑文被前人照实抄录并收进了县志。

周郢的这个重要发现，被学术界认为是目前知道的最早将杞梁妻与齐长城联系在一起的文字记载。

曾经两次徒步考察过齐长城的齐长城研究专家张华松，对孟姜女传说故事中秦长城与齐长城的争论，有着更为独特的见解。

1987年，张华松考察齐长城，所到之处，当地的老百姓都指着齐长城说这是秦始皇修的，而且他们说秦始皇当初修了南北两道长城，北边的长城就是万里长城，南边的长城就是山东的长城，甚至他们认为，南北两道长城在东海上汇合。把齐长城说成是秦长城这种现象，在古代就有。如明末清初有个著名的思想家、著名的学者，叫顾炎武，他多次来山东，总要经过齐长城，在他书里面明确记载，当地人，也就是土著人，就指着齐长城说它是秦长城。

正因为如此，孟姜女本应哭的是齐长城而后来变成了秦长城，也就不足为怪了。

其实，顾颉刚在他的《孟姜女故事研究》中，也曾经把“山东省中部和淄水至泰山”地带，称作是“一个孟姜女故事的区域”，并多次提到过。

但他没有料到的是，在他的这篇文章发表25年后，新中国的领袖毛泽东竟然就在他所指的这个地方，同样也提到了孟姜女故事的发源地。

1952年10月，毛泽东离京到外地休假一周，其间在山东省逗留了三天，先后到过济南、泰安、曲阜和徐州。

10月27日上午，在济南，毛泽东与陪同的时任山东军区司令员的许世友，讲起了济南的历史区划沿革和济南名称的来历。

毛泽东说：“济南自古以来，就是交通枢纽，北方重镇，也是文化名城。孟姜女哭长城的故事就发生在济南南部，她哭的是齐长城，不是秦长城。”

毛泽东所说的这个“济南南部”，指的就是当时济南市长清县的长城村。

长城村位于济南南郊、泰山西麓，因齐长城从村子穿过而得名，现在村里仍然保存着一段夯土城墙。

长城村原有姜女祠，后来在“文革”中被毁，村民王德贵保存下来的几段残碑仍可印证这段历史。

村北的红石江至今是村民们认为孟姜女投河殉夫的地方，姜女传说在此根深蒂固，顾颉刚、魏建功等学者都曾经在他们的研究文章中专门提到过这个村庄。

顾颉刚在他的《孟姜女故事研究》文章里，就讲述了一段曾经发生在上海的怪事。文章记载道：“清宣统二年，也就是1910年，上海推广马路，开至老北门城脚，得一石棺，中卧三尺余石像，当胸镌篆书‘万杞梁’三字。”

这齐国的大将军何时又南下到了上海呢？

据从上海图书馆查到的民国初年的《孟姜仙女宝卷》等石印本所载，孟姜女的原籍竟成了松江府华亭县，丈夫万喜良为苏州人氏。

这松江府华亭县就是现在上海的松江区，清代曾经隶属于苏州。

据顾颉刚研究，明代的修城墙、修长城规模最大，时间最长，百姓深重的苦难也使孟姜女哭长城故事的流传达到了高潮。

靠近明朝故都南京城较近的苏州和松江一带，就成了孟姜女传说故事在江南的一个重要流传区域。上海的城墙是明嘉靖三十二年，也就是1553年修建的，清代又有扩建，因筑城的年代正值这件故事风靡一时，而且又听到当年秦始皇把万杞梁筑进长城以求城墙坚固的传说，所以也就凿了石像埋在城底。

在江南，还有一个被称为孟姜女故乡的地方，这就是湖南省的津市，津市与相邻的澧县早先合称为澧州，顾颉刚先生把它称为孟姜女传说在江南的另一个重要地域。

在津市，孟姜女的传说不仅仅只是在民间，在清代的《澧州志》和《孟姜山志》上，也都有详细的记载。这两本志书一致认定，孟姜女就是秦代的澧州人。

《孟姜山志》所记述的孟姜山就在距离市区7公里的地方，它还有一个名字叫嘉山，孟姜女的传说在这儿可谓根深蒂固。

遍及山上山下的孟姜女传说遗迹，印证了这个故事在当地的流传之深，更寄托着当地人对这位贞烈女子的崇拜与怀念。

山顶的姜女庙是明嘉靖十三年(1534年),湖南巡抚林大骆下令修建的,后遭大火烧毁又复建而成。

姜女庙平时就香火不断,每年旧历的六月初六,相传是孟姜女的生日,在当地也叫“晒衣节”,这一天为她顶礼膜拜的人们更达两三万之众。

从山顶向北望去,著名的澧水河从脚下蜿蜒流过,传说孟姜女当年就站在山头,遥望北去修长城的丈夫早早归来。

在津市,孟姜女的形象已经被神化了,人们虔诚地称她为姜女娘娘。

如今,孟姜女这块文化招牌已被津市人更高地举起,她已经深深融入了这座美丽的城市。

目前,山东淄博、河北秦皇岛、江苏苏州和上海松江、湖南津市以及陕西铜川,被学术界认定为孟姜女传说故事的五大流传区域。

2006年6月2日,国务院公布了首批518项国家级非物质文化遗产名录,山东淄博的孟姜女传说捷足先登,有幸获此殊荣。

在此之后,我国其他几个孟姜女传说地也在积极申报。

一个悠远的故事,如今仍是那么美丽动听;一首古老的歌,依然在人们的心中久久地传唱!

中国四大爱情传奇：孟姜女传奇（2008）

2008年，中央电视台第10套《百家讲坛》栏目播出了《中国四大爱情传奇》系列片。这四大爱情传奇分别是：《白蛇传奇》《梁祝传奇》《孟姜女传奇》和《牛郎织女传奇》。《孟姜女传奇》是系列片之三，共分三集，第一集为《万里寻夫》，第二集为《滴血认夫》，第三集为《魂归大海》，每集时长35分钟。

内容简介：

《孟姜女传奇》由浙江大学中文系副教授段怀清讲述，主要依据上海松江地区孟姜女的传说和清代的《孟姜女万里寻夫全传》《万里寻夫贞节传》两部文献为基础展开。

第一集《万里寻夫》主要讲述四方面的内容：孟姜女的传奇出身；孟姜女和范喜良的结缘过程；孟姜女为丈夫缝制寒衣的辛苦；孟姜女去长城为丈夫送寒衣遭遇的磨难。

此部分重点是讲述孟姜女送寒衣遭遇的磨难。最为突出的有三次：遇虎、逢盗和过关。孟姜女凭借忠贞和勇敢，一一克服了这些困难，她的行为不仅感动了野兽、强盗和官兵，而且感动了上天，最后终于在他们的帮助下，到达了长城脚下。

第二集《滴血认夫》主要讲述孟姜女来到长城后寻夫认夫的过程，也可分为四部分：孟姜女沿长城寻夫的过程；孟姜女哭倒八百里长城；孟姜女哭长城传说的演变过程；孟姜女滴血认夫。

此部分重点讲述孟姜女哭长城传说的演变过程。

段怀清教授根据春秋时期的《左传》、西汉时期的《列女传》、唐代的《同贤记》和《杞梁妻》等不同朝代的资料，详细梳理和分析了孟姜女形象由杞梁妻到孟仲姿再到孟姜女的演变过程。

第三集《魂归大海》主要讲述孟姜女找到丈夫尸骨后的归宿，较著名的传说有两种：落叶归根和魂归大海。

落叶归根主要是说孟姜女不愿把丈夫的尸骨埋在荒野，准备运回家乡，结果走到潼关实在是精疲力竭了，于是把丈夫的尸骨葬在悬崖边，自己也坐在旁边累死了。潼关人尊重孟姜女的贞节和情义，就在她安葬丈夫的地方建了一座塑像祭祀她。

魂归大海主要是说秦始皇想纳孟姜女为妃，对孟姜女提出的“厚葬范喜良、给民夫放假、架桥和举国哀悼”四个条件一一照办，但是孟姜女并没有跟秦始皇进宫享受荣华富贵，而是跳进了大海为丈夫殉情。

该专题片以传说为基本框架，并结合了一些专家对历史的考证，在历史语境中还原了故事和人物的种种可能，史料丰富，想象合理，虚实得当。

CCTV《百家讲坛》专题节目《孟姜女传奇》画面

孟姜女哭的什么城（2009）

山西卫视《老梁故事会》专题节目《孟姜女哭的什么城》画面

《孟姜女哭的什么城》由山西卫视《老梁故事汇》栏目2009年12月4日播出，主持人为梁宏达，片长25分钟。

内容简介：

该片采用脱口秀的形式，语言幽默风趣，分为讲述传说和史实两部分。

一、孟姜女哭长城的故事

传说孟姜女是从瓜中出生。孟姜女姓姜，是姜子牙的后人，姜子牙的封地为山东临淄。孟意为老大，孟姜女的意思是老姜家大丫头。

一天，孟姜女正在后花园露出胳膊玩水，恰被躲债的万喜良看见。一方面迫于封建礼教的压力，另一方面，孟姜女见万喜良长得不错，便提出嫁给他。

当时正处在秦始皇当政时期，秦始皇刚刚平定六国，由于长期征战兵力损失不少，无法抵御西北少数民族匈奴的侵犯，于是下令修筑长城。刚刚结婚三天的万喜良便不幸被征为壮丁。孟姜女思念丈夫，决定去长城为丈夫送寒衣。一路上历尽千辛万苦，终于来到了山海关。却得知万喜良在三个月前因疲劳过度死去，并且尸体被筑进了城墙内。孟姜女悲从中来，大哭不止，结果导致八百里长城崩塌。城墙内尸骨累累，孟姜女通过滴血认亲，终于找到了万喜良的尸骨。秦始皇看见坍塌的城墙，勃然大怒，正想惩罚孟姜女之时，却被孟姜女的美色所吸引，于是便有了纳为妃子的念头。孟姜女提出了三个条件：一是厚葬万喜良；二是要秦始皇为万喜良披麻戴孝；三是要秦始皇带她出海游玩。秦始皇答应了她的要求，但孟姜女却没有进宫做秦始皇的妃子，而是在出海游玩时投海自尽。

二、孟姜女的原型

据史书记载，孟姜女姓姜，春秋战国时期的齐国人，她丈夫是齐国著名的将军杞梁。齐庄公要攻打莒国，杞梁身先士卒带领士兵艰难苦战，最后终于将莒国打败，但杞梁也被自己人暗算致死。齐庄公准备厚葬杞梁，但孟姜女不答应，要齐庄公查明杞梁的死因。但因她是一个弱女子，无法改变局面，只得放声大哭，结果哭塌了齐国都城临淄八丈多高的城墙。经过文人墨客的演绎，便成了孟姜女哭长城而且哭倒了八百里的传说。